해법 기초계산 C2

1 4주 완성의 계획적인 수학 학습!

2 시간 내 푸는 연습을 통한 실전 감각 향상!

3 다양한 구성의 문제로 사고력 향상!

계산력이 왜 중요한가?

선생님! 계산력이 왜 중요한가요?

수학 만점으로 가는 길은 계산력에서 시작한단다. 왜 중요한지 수학의 아버지 피타고라스 선생님에게 물어볼까?

계산력은 수학의 뿌리!
계산력 없이 수학은 생각할 수 없지.
수학은 계통성의 학문이라고 해.
역연산으로 인해 덧셈이 뺄셈의 기초가 되고,
곱셈이 확립되어야
나눗셈이 가능해지기 때문이지.
따라서 수학의 근간인 기초 계산력을
완벽하게 다져 주는 것이야말로
수학 만점으로 가는 첫걸음이지.

구성과 특징

개념 만화

만화를 통한 **원리 깨치기**

만화를 통한 계산 원리와 개념을
이해할 수 있습니다.

1단계

집중 연습으로 **계산력 다지기**

집중 연습 문제로 기초 계산력을
완벽하게 다질 수 있습니다.

2단계

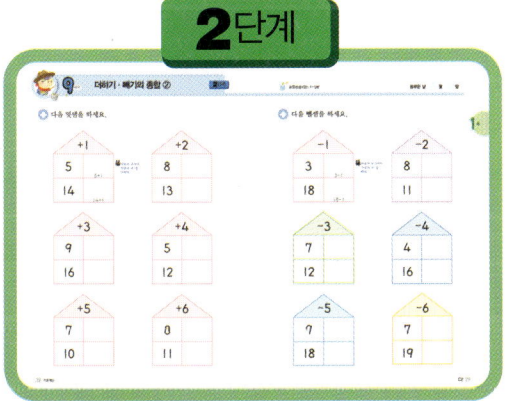

퍼즐형 문제로 **정확성 기르기**

흥미로운 퍼즐형 문제로 이루어져
집중력과 정확성까지 기를 수 있습니다.

3단계

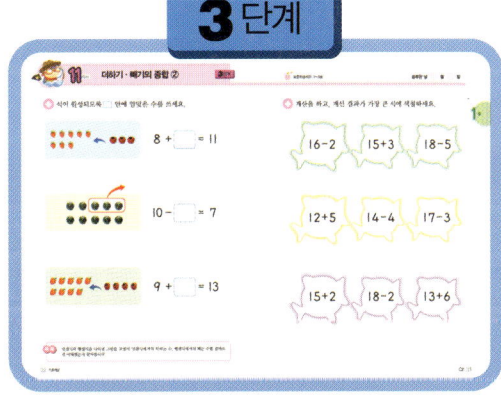

다양한 문제로 **사고력 키우기**

다양한 문제를 통해 수학적 사고력과
문제 해결력을 높일 수 있습니다.

내용 구성표

권	주	A단계 (5~7세)	B단계 (5~7세)	C단계 (5~7세)
1권	1	일대일 대응, 많다·적다	더하기 3 : (1~7)+3	빼기 5 : (1~20)-5
	2	1~5 수 익히기	더하기 3 : (1~17)+3	빼기 6 : (1~20)-6
	3	1~5 수 익히기	더하기 3 : (1~27)+3	빼기 4, 5, 6의 종합
	4	0, 6~10 수 익히기	더하기 1, 2, 3의 종합	더하기·빼기의 종합 ①
2권	1	0, 6~10 수 익히기	빼기 1 : (1~10)-1	더하기·빼기의 종합 ②
	2	1~10 종합	빼기 1 : (1~20)-1	더하기 7 : (1~9)+7
	3	수 가르기와 수 모으기(1, 2, 3, 4, 5)	빼기 2 : (1~10)-2	더하기 7 : (1~19)+7
	4	수 가르기와 수 모으기(6, 7, 8, 9, 10)	빼기 2 : (1~20)-2	더하기 7 : (1~23)+7
3권	1	11~20 수 익히기	빼기 3 : (1~10)-3	더하기 8 : (1~9)+8
	2	11~20 수 익히기	빼기 3 : (1~20)-3	더하기 8 : (1~22)+8
	3	1~20 종합	빼기 1, 2, 3의 종합	더하기 9 : (1~9)+9
	4	21~30 수 익히기	더하기·빼기의 관계 ①	더하기 9 : (1~21)+9
4권	1	31~40 수 익히기	더하기·빼기의 관계 ②	더하기 10 : (1~20)+10
	2	41~50 수 익히기	더하기 4 : (1~6)+4	더하기 7, 8, 9, 10의 종합
	3	1~50 종합	더하기 4 : (1~16)+4	더하기 1~10의 종합
	4	51~70 수 익히기	더하기 4 : (1~26)+4	빼기 7 : (1~20)-7
5권	1	71~100 수 익히기	더하기 5 : (1~9)+5	빼기 8 : (1~20)-8
	2	1~100 종합	더하기 5 : (1~15)+5	빼기 9 : (1~20)-9
	3	더하기 1 : (1~9)+1	더하기 5 : (1~25)+5	빼기 10 : (1~20)-10
	4	더하기 1 : (1~19)+1	더하기 6 : (1~9)+6	빼기 7, 8, 9, 10의 종합
6권	1	더하기 1 : (1~29)+1	더하기 6 : (1~14)+6	빼기 1~10의 종합
	2	더하기 2 : (1~8)+2	더하기 6 : (1~24)+6	더하기·빼기의 종합 ③
	3	더하기 2 : (1~18)+2	더하기 4, 5, 6의 종합	더하기·빼기의 종합 ④
	4	디히기 2 : (1~28)+2	빼기 4 : (1~20)-4	재미있는 더하기·빼기의 규칙

권	주	D단계 (초1)	E단계 (초2)	F단계 (초3)	G단계 (초4)
1권	1	더하기 1, 2, 3	받아올림이 있는 (두 자리 수)+(한 자리 수)	(세 자리 수)+(세 자리 수) ①	100, 1000, 10000, 몇백, 몇천 곱하기
	2	합이 5까지인 덧셈	받아내림이 있는 (두 자리 수)−(한 자리 수)	(세 자리 수)+(세 자리 수) ②	(세 자리 수)×(두 자리 수)
	3	합이 9까지인 덧셈	세 수의 덧셈	(세 자리 수)−(세 자리 수) ①	(네 자리 수)×(두 자리 수)
	4	받아올림이 없는 (한 사리 수)+(한 자리 수)	세 수의 뺄셈	(세 자리 수)−(세 자리 수) ②	(세 자리 수)×(세 자리 수)
2권	1	빼기 1, 2, 3	일의 자리에서 받아올림이 있는 (두 자리 수)+(두 자리 수)	2, 3, 4, 5의 단 곱셈구구를 이용한 나눗셈	(세 자리 수)÷(한 자리 수)
	2	5까지의 뺄셈	십의 자리에서 받아올림이 있는 (두 자리 수)+(두 자리 수)	6, 7, 8, 9의 단 곱셈구구를 이용한 나눗셈	(두·세 자리 수)÷(몇십)
	3	9까지의 뺄셈	일, 십의 자리에서 받아올림이 있는 (두 자리 수)+(두 자리 수)	곱셈구구를 이용한 나눗셈 ①	(두·세 자리 수)÷(두 자리 수)
	4	(한 자리 수)−(한 자리 수)	받아올림이 있는 (두 자리 수)+(두 자리 수)	곱셈구구를 이용한 나눗셈 ②	(세·네 자리 수)÷(두 자리 수)
3권	1	10이 되는 더하기	받아내림이 있는 (두 자리 수)−(두 자리 수) ①	(두 자리 수)×(한 자리 수) ①	덧셈과 뺄셈의 혼합 계산
	2	10에서 빼기	받아내림이 있는 (두 자리 수)−(두 자리 수) ②	(두 자리 수)×(한 자리 수) ②	곱셈과 나눗셈의 혼합 계산
	3	세 수의 계산 ①	세 수의 계산 ①	(두 자리 수)×(한 자리 수) ③	혼합 계산 1
	4	세 수의 계산 ②	세 수의 계산 ②	(두 자리 수)×(한 자리 수) ④	혼합 계산 2
4권	1	받아올림이 없는 (두 자리 수)+(한 자리 수)	2, 3, 4, 5의 단 곱셈구구	(네 자리 수)+(세 자리 수)	분수의 이해 1
	2	받아올림이 없는 (두 자리 수)+(두 자리 수)	6, 7, 8, 9의 단 곱셈구구	(네 자리 수)+(네 자리 수)	분수의 이해 2
	3	받아내림이 없는 (두 자리 수)−(한 자리 수)	곱셈구구 ①	(네 자리 수)−(세 자리 수)	분수의 이해 3
	4	받아내림이 없는 (두 자리 수)−(두 자리 수)	곱셈구구 ②	(네 자리 수)−(네 자리 수)	분수의 덧셈
5권	1	두 수의 합이 10이 되는 세 수의 덧셈	받아올림이 없는 (세 자리 수)+(세 자리 수)	(세 자리 수)×(한 자리 수)	분수의 덧셈
	2	(한 자리 수)+(한 자리 수) ①	일의 자리에서 받아올림이 있는 (세 자리 수)+(세 자리 수)	(한 자리 수)×(두 자리 수)	분수의 뺄셈 1
	3	(한 자리 수)+(한 자리 수) ②	십의 자리에서 받아올림이 있는 (세 자리 수)+(세 자리 수)	(두 자리 수)×(두 자리 수) ①	분수의 뺄셈 2
	4	(한 자리 수)+(한 자리 수)의 종합	일, 십의 자리에서 받아올림이 있는 (세 자리 수)+(세 자리 수)	(두 자리 수)×(두 자리 수) ②	세 분수의 덧셈과 뺄셈
6권	1	(십 몇)−(한 자리 수) ①	받아내림이 없는 (세 자리 수)−(세 자리 수)	(두 자리 수)÷(한 자리 수) ①	소수 한 자리 수의 덧셈
	2	(십 몇)−(한 자리 수) ②	십의 자리에서 받아내림이 있는 (세 자리 수)−(세 자리 수)	(두 자리 수)÷(한 자리 수) ②	소수 두·세 자리 수의 덧셈
	3	세 수의 덧셈	백의 자리에서 받아내림이 있는 (세 자리 수)−(세 자리 수)	(두 자리 수)÷(한 자리 수) ③	소수 한 자리 수의 뺄셈
	4	세 수의 뺄셈	십, 백의 자리에서 받아내림이 있는 (세 자리 수)−(세 자리 수)	(두 자리 수)÷(한 자리 수) ④	소수 두·세 자리 수의 뺄셈

Q&A 활용 가이드

Q

아이 수준을 몰라서
어느 단계의 교재를
선택하면 될지 모르겠어요.

A

한 페이지에서
틀린 문제가 6문제 이상이면
이전 단계의
교재부터 시작하세요.

계산 실수를 자주 해요.

정해진 시간 안에 푸는
연습으로 실전 감각을
키우세요.

시험 시간이 부족해요.

매일매일 공부하는
습관으로
정확성을 키우세요.

공부 계획을
스스로 세우기 힘들어요.

스케줄표를 이용해
계획을 세워
2주, 4주 완성에 도전하세요.

4주 완성 스케줄표

활용 방법 매일 2장(2차시)씩 풀면 24일 만에 완성할 수 있습니다.

1주	1일	2일	3일	4일	5일	6일
확인	12~15쪽	16~19쪽	20~23쪽	24~27쪽	28~31쪽	32~35쪽

2주	7일	8일	9일	10일	11일	12일
확인	40~43쪽	44~47쪽	48~51쪽	52~55쪽	56~59쪽	60~63쪽

3주	13일	14일	15일	16일	17일	18일
확인	68~71쪽	72~75쪽	76~79쪽	80~83쪽	84~87쪽	88~91쪽

4주	19일	20일	21일	22일	23일	24일
확인	96~99쪽	100~103쪽	104~107쪽	108~111쪽	112~115쪽	116~119쪽

※ 매일 4장(4차시)씩 풀면 12일 만에 완성할 수 있습니다.

더하기·빼기의 종합 ②

학습 체크표 매일 학습이 끝나면 채점을 하고 체크표를 작성하여 나의 실력을 알아보세요.

차시	단계	공부한 날	잘 했나요?
1차시		월 일	😊 🙂 😐 😣
2차시		월 일	😊 🙂 😐 😣
3차시		월 일	😊 🙂 😐 😣
4차시		월 일	😊 🙂 😐 😣
5차시	1단계	월 일	😊 🙂 😐 😣
6차시		월 일	😊 🙂 😐 😣
7차시		월 일	😊 🙂 😐 😣
8차시		월 일	😊 🙂 😐 😣
9차시	2단계	월 일	😊 🙂 😐 😣
10차시		월 일	😊 🙂 😐 😣
11차시	3단계	월 일	😊 🙂 😐 😣
12차시		월 일	😊 🙂 😐 😣

틀린 개수가

0~1개이면 😊 (아주 잘함)에, 2~3개이면 🙂 (잘함)에,

4~5개이면 😐 (보통)에, 6개 이상이면 😣 (노력 바람)에 색칠해 주세요.

만화로 개념 알아보기

학습목표 덧셈에서는 더해지는 수와 더하는 수의 자리를 바꾸어 더해도 계산 결과가 같다는 것을 이해하고, 다양한 형태의 덧셈과 뺄셈을 능숙하게 계산할 수 있습니다.

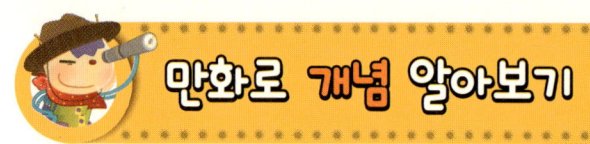

✿ 다음 덧셈을 하세요.

(1) 8 + 1 = ☐

8 + 2 = ☐

8 + 3 = ☐

8 + 4 = ☐

8 + 5 = ☐

8 + 6 = ☐

(2) 6 + 6 = ☐

6 + 5 = ☐

6 + 4 = ☐

6 + 3 = ☐

6 + 2 = ☐

6 + 1 = ☐

(3) 7 + 5 = ☐

7 + 6 = ☐

(4) 4 + 5 = ☐

4 + 4 = ☐

 어떤 수에 더하는 수가 1씩 커지면 답도 1씩 커진다는 것을 알려 주세요. 1씩 커지는 '다음의 수' 개념을 충분히 익히면 덧셈의 개념을 좀더 쉽게 이해하고 풀 수 있습니다.

1주

➕ 다음 덧셈을 하세요.

(5) 12 + 1 = ☐

12 + 2 = ☐

12 + 3 = ☐

12 + 4 = ☐

12 + 5 = ☐

12 + 6 = ☐

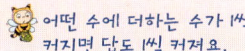 어떤 수에 더하는 수가 1씩
커지면 답도 1씩 커져요.

(6) 23 + 6 = ☐

23 + 5 = ☐

23 + 4 = ☐

23 + 3 = ☐

23 + 2 = ☐

23 + 1 = ☐

어떤 수에 더하는 수가 1씩
작아지면 답도 1씩 작아져요.

(7) 13 + 4 = ☐

13 + 5 = ☐

(8) 15 + 6 = ☐

15 + 5 = ☐

✿ 다음 덧셈을 하세요.

(1) 6 + 3 = ☐
    3 + 6 = ☐

(2) 1 + 2 = ☐
    2 + 1 = ☐

(3) 3 + 4 = ☐
    4 + 3 = ☐

(4) 5 + 6 = ☐
    6 + 5 = ☐

(5) 19 + 1 = ☐

(6) 23 + 5 = ☐

(7) 23 + 4 = ☐

(8) 19 + 3 = ☐

(9) 18 + 2 = ☐

(10) 13 + 6 = ☐

(11) 13 + 3 = ☐

(12) 25 + 4 = ☐

꼭꼭 덧셈에서는 더해지는 수와 더하는 수를 바꾸어 더해도 답이 같습니다. 바둑돌이나 사탕 등을 이용하면 아이가 바꾸어 더하는 셈을 직접 경험하며 익힐 수 있습니다.

다음 덧셈을 하세요.

(13) $1 + 6 = \boxed{}$

(14) $2 + 4 = \boxed{}$

(15) $13 + 2 = \boxed{}$

(16) $14 + 5 = \boxed{}$

(17) $15 + 3 = \boxed{}$

(18) $25 + 4 = \boxed{}$

(19) $7 + \underset{3 \quad 3}{6} = \boxed{}$

(20) $8 + \underset{2 \quad 3}{5} = \boxed{}$

(21) $9 + \underset{1 \quad 3}{4} = \boxed{}$

(22) $21 + 6 = \boxed{}$

(23) $14 + 3 = \boxed{}$

(24) $12 + 4 = \boxed{}$

(25) $23 + 5 = \boxed{}$

(26) $19 + \underset{1 \quad 2}{3} = \boxed{}$

(27) $10 + 4 = \boxed{}$

(28) $16 + 2 = \boxed{}$

➕ 다음 뺄셈을 하세요.

(1)
$$7 - 1 = \boxed{}$$
$$7 - 2 = \boxed{}$$
$$7 - 3 = \boxed{}$$
$$7 - 4 = \boxed{}$$
$$7 - 5 = \boxed{}$$
$$7 - 6 = \boxed{}$$

(2)
$$18 - 6 = \boxed{}$$
$$18 - 5 = \boxed{}$$
$$18 - 4 = \boxed{}$$
$$18 - 3 = \boxed{}$$
$$18 - 2 = \boxed{}$$
$$18 - 1 = \boxed{}$$

(3)
$$6 - 4 = \boxed{}$$
$$6 - 5 = \boxed{}$$

(4)
$$14 - 4 = \boxed{}$$
$$14 - 3 = \boxed{}$$

 꼭꼭   어떤 수에서 빼는 수가 1씩 커지면 답은 1씩 작아진다는 것을 알려 주세요. 1씩 작아지는 '앞의 수' 개념을 충분히 익히면 뺄셈의 개념을 좀더 쉽게 이해하고 익힐 수 있습니다.

1^주

 다음 뺄셈을 하세요.

(5) 13 − 6 =

(6) 2 − 2 =

(7) 5 − 4 =

(8) 13 − 1 =

(9) 3 − 3 =

(10) 14 − 5 =

(11) 7 − 2 =

(12) 8 − 4 =

(13) 14 − 6 =

(14) 19 − 1 =

(15) 7 − 3 =

(16) 13 − 5 =

(17) 19 − 3 =

(18) 18 − 6 =

(19) 11 − 4 =

(20) 18 − 5 =

✚ 덧셈식을 보고 뺄셈식을 완성하세요.

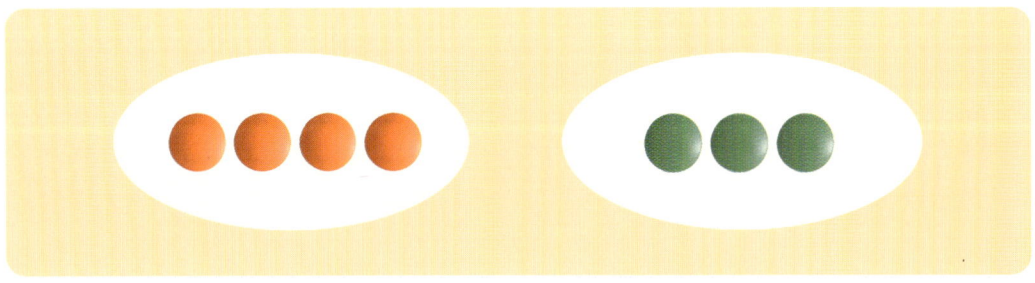

(1)　4 + 3 = 7

7 − 4 = ☐

7 − 3 = ◯

(2)　6 + 2 = 8

8 − 6 = ☐

8 − 2 = ◯

(3)　5 + 4 = 9

9 − 5 = ☐

9 − 4 = ◯

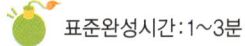

✚ 뺄셈식을 보고 덧셈식을 완성하세요.

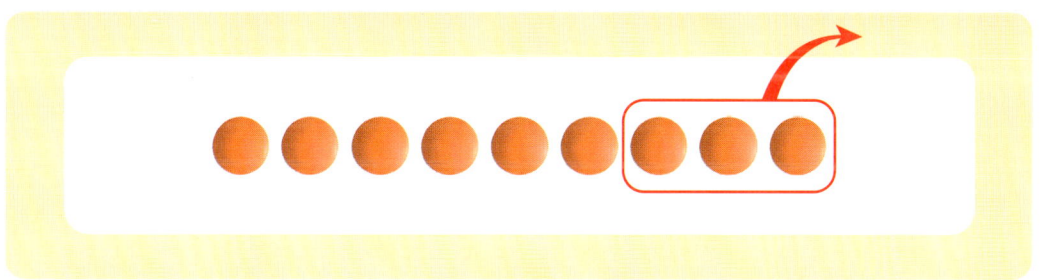

(4) ⑨ − △3 = ☐6

6 + △3 = ◯

△3 + 6 = ◯

(5) 7 − △3 = 4

4 + △3 = ◯

△3 + 4 = ◯

(6) 8 − △3 = 5

5 + △3 = ◯

△3 + 5 = ◯

꼭꼭　전체와 부분의 관계 이해를 통해 역연산 관계를 이해하는 활동입니다. 남은 개수에 덜어 낸 개수를 더하거나, 덜어 낸 개수에 남은 개수를 더하면 처음 개수가 됩니다.

 다음 계산을 하세요.

(1) $7 + 2 =$ ☐   (2) $9 - 2 =$ ☐

(3) $5 + 3 =$ ☐   (4) $8 - 3 =$ ☐

(5) $13 + 4 =$ ☐   (6) $17 - 4 =$ ☐

(7) $17 + 2 =$ ☐   (8) $19 - 2 =$ ☐

(9) $8 + 3 =$ ☐   (10) $11 - 3 =$ ☐

(11) $6 + 5 =$ ☐   (12) $11 - 5 =$ ☐

(13) $14 + 3 =$ ☐   (14) $17 - 3 =$ ☐

(15) $12 + 6 =$ ☐   (16) $18 - 6 =$ ☐

1주

다음 계산을 하세요.

(17) $16 - 1 = \boxed{}$ (18) $15 + 1 = \boxed{}$

(19) $9 - 3 = \boxed{}$ (20) $6 + 3 = \boxed{}$

(21) $20 - 4 = \boxed{}$ (22) $16 + 4 = \boxed{}$

(23) $14 - 5 = \boxed{}$ (24) $9 + 5 = \boxed{}$

(25) $7 - 3 = \boxed{}$ (26) $4 + 3 = \boxed{}$

(27) $19 - 6 = \boxed{}$ (28) $13 + 6 = \boxed{}$

(29) $11 - 1 = \boxed{}$ (30) $10 + 1 = \boxed{}$

(31) $18 - 2 = \boxed{}$ (32) $16 + 2 = \boxed{}$

다음 계산을 하세요.

(1) $11 - 6 =$

(2) $18 + 4 =$

(3) $9 + 3 =$

(4) $20 - 2 =$

(5) $17 - 6 =$

(6) $11 + 1 =$

(7) $20 + 5 =$

(8) $14 - 3 =$

(9) $16 - 3 =$

(10) $19 + 4 =$

(11) $9 + 6 =$

(12) $10 - 5 =$

(13) $18 - 1 =$

(14) $20 + 2 =$

(15) $26 + 4 =$

(16) $11 - 3 =$

✿ 다음 계산을 하세요.

(17) 24 + 2 =

(18) 18 − 5 =

(19) 9 + 4 =

(20) 20 − 1 =

(21) 17 − 3 =

(22) 11 + 5 =

(23) 19 + 1 =

(24) 12 − 3 =

(25) 13 − 5 =

(26) 17 + 6 =

(27) 18 + 4 =

(28) 14 − 5 =

(29) 10 − 2 =

(30) 23 + 4 =

(31) 8 + 1 =

(32) 6 − 6 =

 꼭꼭 　(어떤 수)에서 (어떤 수) 자신을 빼면 그 결과는 0이 됩니다.

💠 다음 계산을 하세요.

(1) $12 + 6 =$ □

(2) $18 - 5 =$ □

(3) $9 - 2 =$ □

(4) $15 + 4 =$ □

(5) $17 + 3 =$ □

(6) $11 - 5 =$ □

(7) $10 - 1 =$ □

(8) $24 + 6 =$ □

(9) $16 + 5 =$ □

(10) $19 - 5 =$ □

(11) $4 - 4 =$ □

(12) $10 + 6 =$ □

(13) $18 + 3 =$ □

(14) $20 - 5 =$ □

(15) $6 - 1 =$ □

(16) $13 + 2 =$ □

1주

다음 계산을 하세요.

(17) 7 − 3 =

(18) 6 + 6 =

(19) 8 + 1 =

(20) 15 − 3 =

(21) 19 + 3 =

(22) 14 − 2 =

(23) 17 − 2 =

(24) 18 + 3 =

(25) 22 + 5 =

(26) 15 − 2 =

(27) 14 − 3 =

(28) 12 + 4 =

(29) 15 + 6 =

(30) 17 − 3 =

(31) 20 − 4 =

(32) 29 + 1 =

➕ 다음 계산을 하세요.

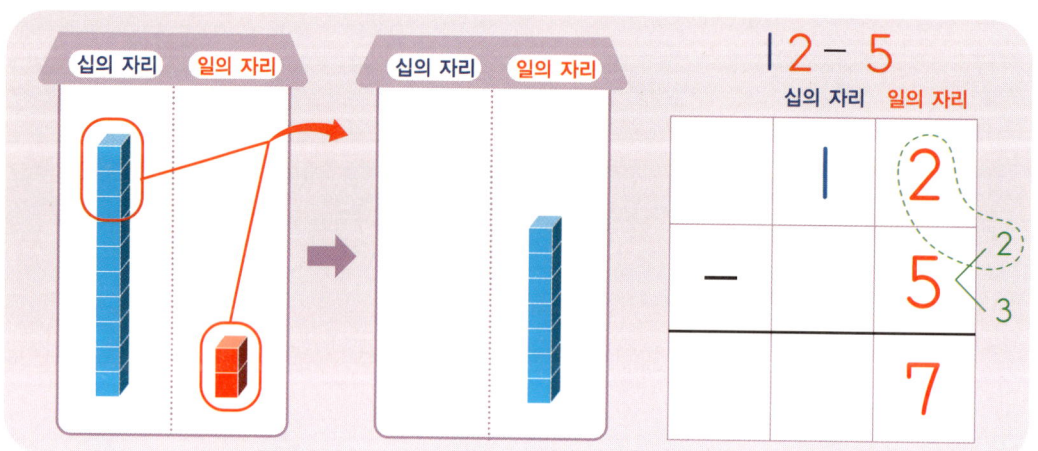

(1)

	1	5
−		3

(2)

		9
−		3

(3)

	1	4
−		6

(4)

	1	2
+		5

(5)

	1	9
+		4

(6)

	2	7
+		3

다음 계산을 하세요.

(7)
$$\begin{array}{r} 7 \\ -\ 4 \\ \hline \end{array}$$

(8)
$$\begin{array}{r} 8 \\ +\ 6 \\ \hline \end{array}$$

(9)
$$\begin{array}{r} 1\ 4 \\ -\ \ \ 5 \\ \hline \end{array}$$

(10)
$$\begin{array}{r} 2\ 0 \\ -\ \ \ 3 \\ \hline \end{array}$$

(11)
$$\begin{array}{r} 2\ 2 \\ +\ \ \ 2 \\ \hline \end{array}$$

(12)
$$\begin{array}{r} 1\ 8 \\ -\ \ \ 6 \\ \hline \end{array}$$

(13)
$$\begin{array}{r} 2\ 5 \\ +\ \ \ 1 \\ \hline \end{array}$$

(14)
$$\begin{array}{r} 1\ 5 \\ -\ \ \ 5 \\ \hline \end{array}$$

(15)
$$\begin{array}{r} 1\ 7 \\ +\ \ \ 6 \\ \hline \end{array}$$

(16)
$$\begin{array}{r} 1\ 1 \\ -\ \ \ 2 \\ \hline \end{array}$$

(17)
$$\begin{array}{r} 1\ 7 \\ +\ \ \ 3 \\ \hline \end{array}$$

(18)
$$\begin{array}{r} 1\ 3 \\ -\ \ \ 5 \\ \hline \end{array}$$

 세로셈은 십의 자리와 일의 자리를 이해하고 익히는 데 도움이 됩니다. 자릿수에 맞춰 계산한 답을 올바르게 쓰도록 지도해 주세요.

➕ 다음 덧셈을 하세요.

+1

5	5+1
14	14+1

🐝 세로의 수 5에
가로의 수 1을
더해요.

+2

8	
13	

+3

9	
16	

+4

5	
12	

+5

7	
10	

+6

8	
11	

다음 뺄셈을 하세요.

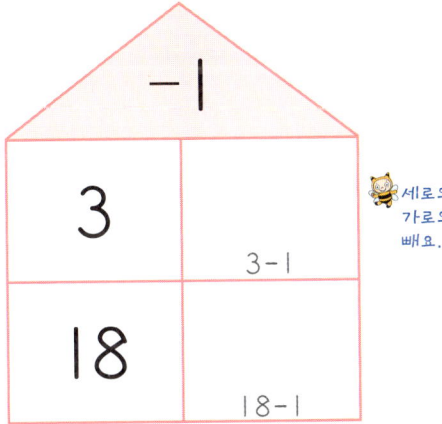

세로의 수 3에서
가로의 수 1을
빼요.

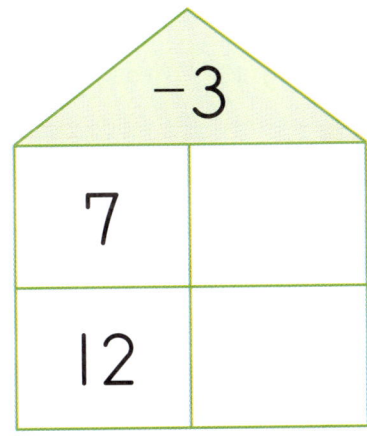

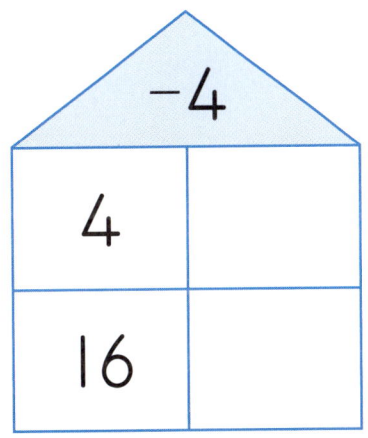

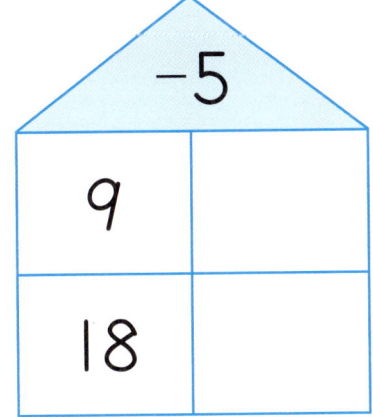

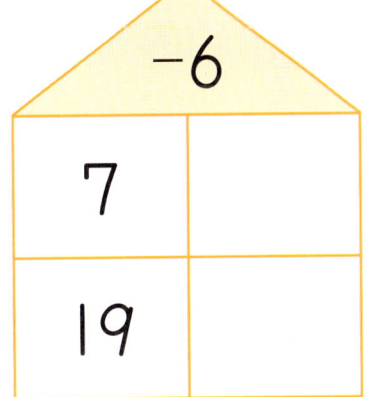

♣ 다음 계산을 하세요.

+	4	6	8	11	13
1					
	4+1	6+1	8+1	11+1	13+1
2					
	4+2	6+2	8+2	11+2	13+2

가로의 수에 세로의 수를 더해요.

−	6	9	10	11	15
4					
5					

1주

❖ 다음 계산을 하세요.

−	3	7	9	10	15
1	3-1	7-1	9-1	10-1	15-1
2	3-2	7-2	9-2	10-2	15-2

🐝 가로의 수에서
세로의 수를 빼요.

+	5	8	9	12	13
4					
5					

 가로의 수는 더해지는 수나 빼어지는 수, 세로의 수는 더하는 수나 빼는 수가 됨을 알려 주고 덧셈
과 뺄셈을 해 보게 합니다.

➕ 식이 완성되도록 ☐ 안에 알맞은 수를 쓰세요.

$8 + \boxed{} = 11$

$10 - \boxed{} = 7$

$9 + \boxed{} = 13$

 덧셈식과 뺄셈식을 나타낸 그림을 보면서 덧셈식에서의 더하는 수, 뺄셈식에서의 빼는 수를 올바르게 이해했는지 알아봅니다.

계산을 하고, 계산 결과가 가장 큰 식에 색칠하세요.

$16-2$　　　$15+3$　　　$18-5$

$12+5$　　　$14-4$　　　$17-3$

$15+2$　　　$18-2$　　　$13+6$

➕ 세 수를 이용하여 덧셈식과 뺄셈식을 완성하세요.

$6 + \boxed{} = \boxed{}$

$\boxed{} - 1 = \boxed{}$

$9 + \boxed{} = \boxed{}$

$\boxed{} - 3 = \boxed{}$

$4 + \boxed{} = \boxed{}$

$\boxed{} - 6 = \boxed{}$

 세 수를 이용하여 덧셈식을 만들 때에는 가장 큰 수가 합이 됩니다. 세 수를 이용하여 뺄셈식을 만들 때에는 가장 큰 수가 빼어지는 수가 됩니다.

✿ 빈칸에 알맞은 수를 써넣어 계산식을 완성하세요.

8	+		=	12
	$8 + \square = 12$			
−		+		−
	−	1	=	
$8 - \square = 4$				
=		=		=
4	+		=	9

2주 더하기 7 : (1~9)+7

학습 체크표 매일 학습이 끝나면 채점을 하고 체크표를 작성하여 나의 실력을 알아보세요.

차시	단계	공부한 날	잘 했나요?			
13차시		월 일	😄	🙂	😑	😣
14차시		월 일	😄	🙂	😑	😣
15차시		월 일	😄	🙂	😑	😣
16차시	1단계	월 일	😄	🙂	😑	😣
17차시		월 일	😄	🙂	😑	😣
18차시		월 일	😄	🙂	😑	😣
19차시		월 일	😄	🙂	😑	😣
20차시		월 일	😄	🙂	😑	😣
21차시	2단계	월 일	😄	🙂	😑	😣
22차시		월 일	😄	🙂	😑	😣
23차시	3단계	월 일	😄	🙂	😑	😣
24차시		월 일	😄	🙂	😑	😣

틀린 개수가

0~1개이면 😄 (아주 잘함)에, 2~3개이면 🙂 (잘함)에,

4~5개이면 😑 (보통)에, 6개 이상이면 😣 (노력 바람)에 색칠해 주세요.

만화로 개념 알아보기

학습목표 어떤 수와 7을 모아 모두 몇인지 알 수 있으며 더해지는 수나 더하는 수 7을 두 수로 갈라 덧셈을 하는 방법을 알 수 있습니다.

영차

영차

영차

$9 + 7 = 16$

헉헉

그럼 내가 만든 7개를 더 더하면 9+7=16, 16개가 됐네!

흐음...

더 많이 만들 방법은 없을까?

내가 한 방에 해결해 주지!

?

➕ 수를 모아 ⬜ 안에 알맞은 수를 쓰고, 덧셈을 하세요.

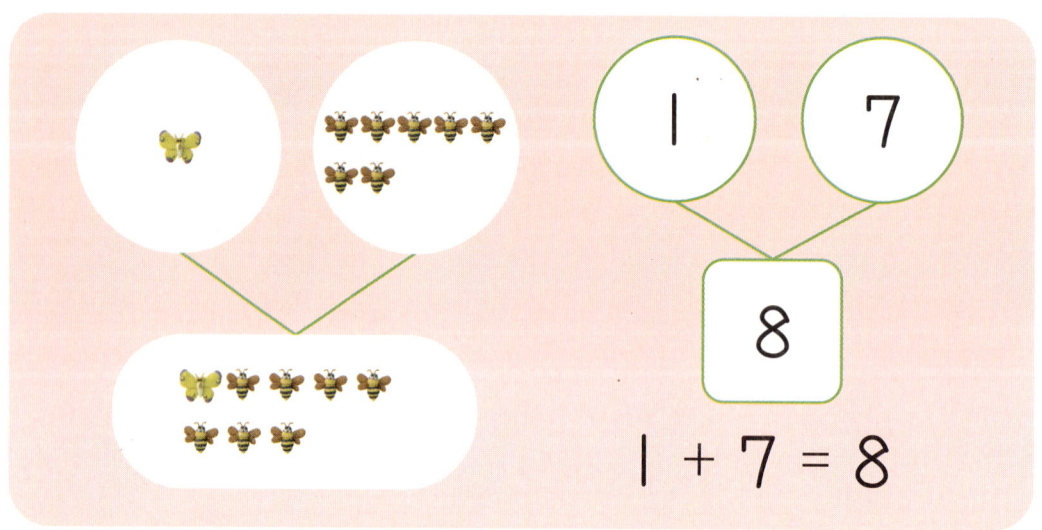

1 + 7 = 8

(1)

| 2 | 7 |

9

2 + 7 = ⬜

(2)

| 3 | 7 |

3 + 7 = ⬜

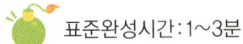
➕ 수를 모아 ▢ 안에 알맞은 수를 쓰고, 덧셈을 하세요.

(3)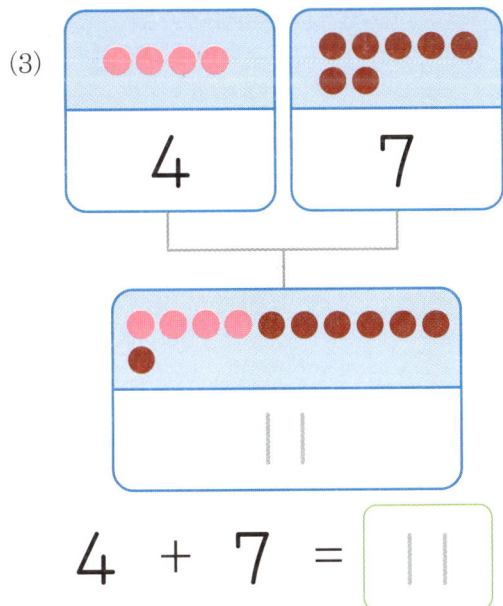

$$4 + 7 = \boxed{11}$$

(4)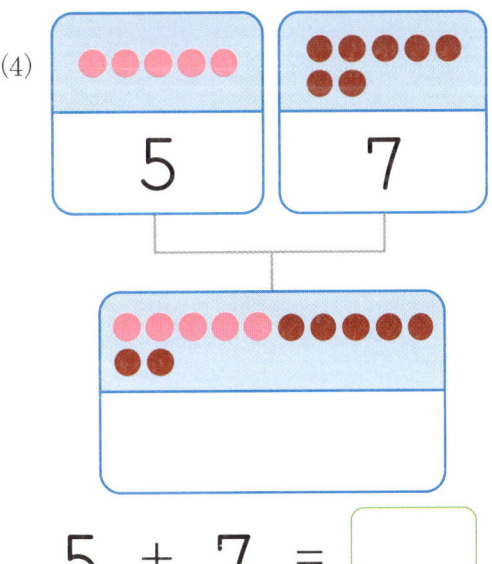

$$5 + 7 = \boxed{}$$

(5)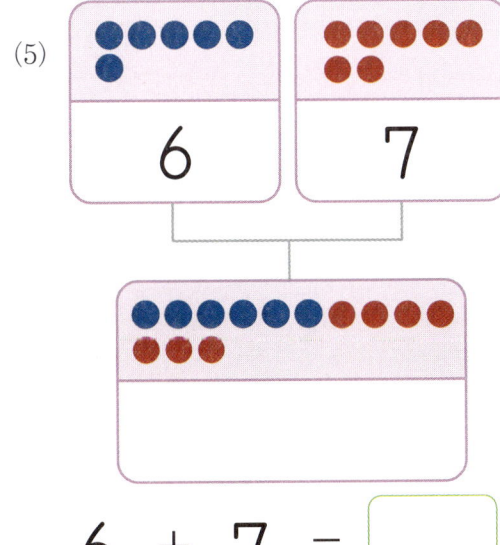

$$6 + 7 = \boxed{}$$

(6)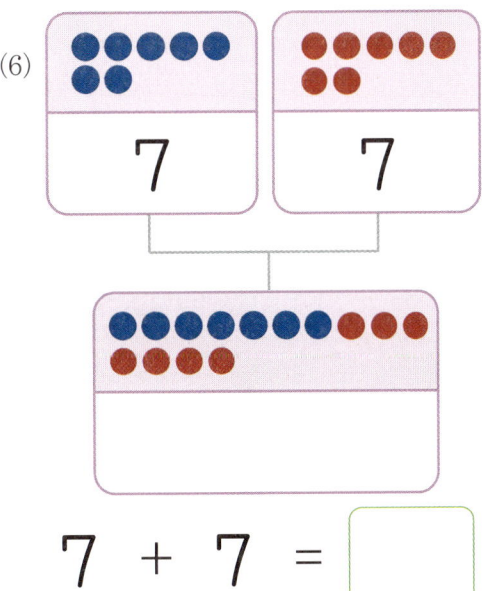

$$7 + 7 = \boxed{}$$

 수를 모아 모두 몇인지 알아보며 덧셈의 개념을 이해합니다.

➕ 다음 덧셈을 하세요.

(1) 1 + 7 =
일 더하기 칠 은

✱ 1과 7을 더하면 8이 되지요.
1+7=8이라고 쓰고,
'일 더하기 칠은 팔과 같습
니다.'라고 읽어요.

(2) 2 + 7 =
이 더하기 칠 은

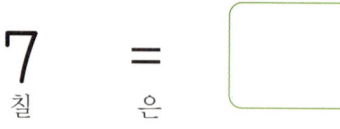

(3) 3 + 7 =
삼 더하기 칠 은

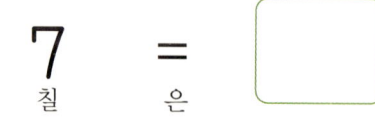

(4) 4 + 7 =
사 더하기 칠 은

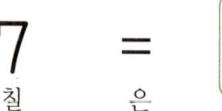

(5) 5 + 7 =
오 더하기 칠 은

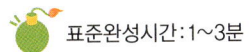
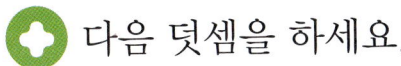 다음 덧셈을 하세요.

(6)

$$9 + 7 =$$

구　　　더하기　　칠　　　은

(7)

$$8 + 7 =$$

팔　　　더하기　　칠　　　은

(8)

$$7 + 7 =$$

칠　　　더하기　　칠　　　은

(9)

$$6 + 7 =$$

육　　　더하기　　칠　　　은

(10)

$$5 + 7 =$$

오　　　더하기　　칠　　　은

 꼭꼭　어떤 수에 더하기 7을 하는 것은 수가 일곱(7)씩 커지는 것을 의미합니다. 블록을 이용하여 더하기 7을 충분히 연습합니다.

🟢 다음 덧셈을 하세요.

(1) $9 + 7 =$ ▢
　　1　6

(2) $8 + 7 =$ ▢
　　2　5

(3) $7 + 7 =$ ▢
　　3　4

(4) $3 + 7 =$ ▢

(5) $6 + 7 =$ ▢
　　4　3

(6) $2 + 7 =$ ▢

(7) $5 + 7 =$ ▢
　　5　2

(8) $1 + 7 =$ ▢

(9) $4 + 7 =$ ▢
　　6　1

(10) $5 + 7 =$ ▢

(11) $9 + 7 =$ ▢

(12) $3 + 7 =$ ▢

 어떤 수에 7을 더할 때에는 7을 두 수로 갈라 어떤 수를 10으로 만들면 쉽게 계산을 할 수 있습니다. 7은 1과 6, 2와 5, 3과 4, 4와 3, 5와 2, 6과 1로 가를 수 있습니다.

 다음 덧셈을 하세요.

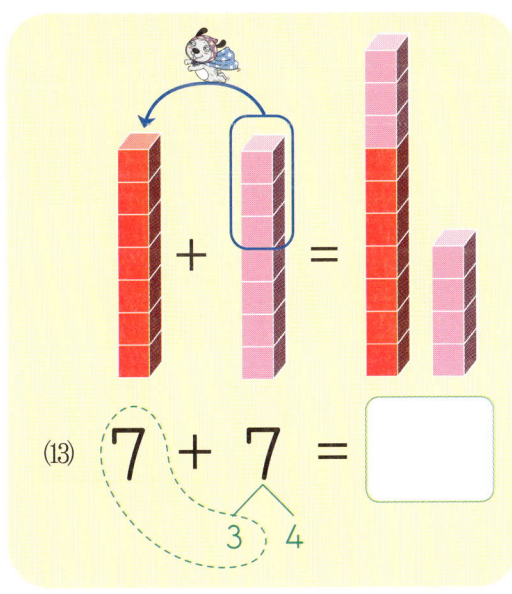

(13) 7 + 7 = ☐

3　4

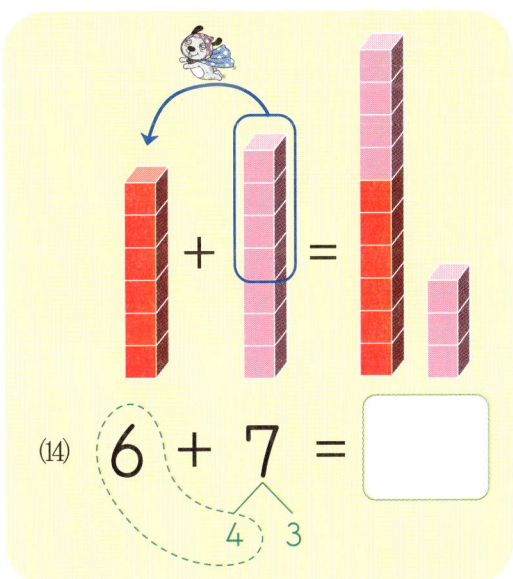

(14) 6 + 7 = ☐

4　3

(15) 4 + 7 = ☐

6　1

(16) 3 + 7 = ☐

(17) 2 + 7 = ☐

(18) 5 + 7 = ☐

5　2

(19) 6 + 7 = ☐

(20) 8 + 7 = ☐

2　5

(21) 4 + 7 = ☐

(22) 5 + 7 = ☐

(23) 9 + 7 = ☐

1　6

(24) 1 + 7 = ☐

✿ 다음 덧셈을 하세요.

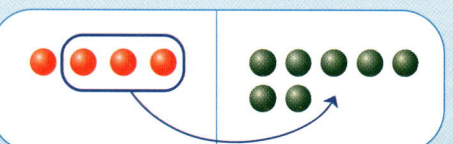

(1)　**4 + 7 =** ⬚
　　　∧
　　1　　3

(2)　**3 + 7 =** ⬚

(3)　**5 + 7 =** ⬚
　　　∧
　　2　　3

(4)　**2 + 7 =** ⬚

(5)　**1 + 7 =** ⬚

(6)　**7 + 7 =** ⬚
　　　　∧
　　　4　　3

(7)　**8 + 7 =** ⬚
　　　∧
　　5　　3

(8)　**6 + 7 =** ⬚
　　　∧
　　3　　3

(9)　**3 + 7 =** ⬚

(10)　**9 + 7 =** ⬚
　　　　∧
　　　6　　3

(11)　**5 + 7 =** ⬚

(12)　**7 + 7 =** ⬚

(13)　**4 + 7 =** ⬚

(14)　**2 + 7 =** ⬚

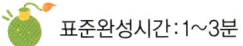
✚ 다음 덧셈을 하세요.

(15)　3 + 7 = ☐

(16)　5 + 7 = ☐
　　　　/ \
　　　 2　3

(17)　2 + 7 = ☐

(18)　4 + 7 = ☐
　　　　/ \
　　　 1　3

(19)　8 + 7 = ☐
　　　/ \
　　 5　3

(20)　7 + 7 = ☐
　　　　/ \
　　　 4　3

(21)　6 + 7 = ☐
　　　/ \
　　 3　3

(22)　9 + 7 = ☐
　　　　/ \
　　　 6　3

(23)　1 + 7 = ☐

(24)　3 + 7 = ☐

(25)　5 + 7 = ☐

(26)　8 + 7 = ☐

(27)　4 + 7 = ☐

(28)　3 + 7 = ☐

(29)　7 + 7 = ☐

(30)　6 + 7 = ☐

● 다음 덧셈을 하세요.

(1) 1 + 6 = ☐

1 + 7 = ☐

(2) 2 + 6 = ☐

2 + 7 = ☐

(3) 3 + 6 = ☐

3 + 7 = ☐

(4) 4 + 6 = ☐

4 + 7 = ☐

(5) 5 + 6 = ☐

5 + 7 = ☐

(6) 6 + 6 = ☐

6 + 7 = ☐

(7) 7 + 6 = ☐

7 + 7 = ☐

(8) 8 + 6 = ☐

8 + 7 = ☐

➕ 다음 덧셈을 하세요.

(9) 　2 + 7 = ☐

(10) 　4 + 7 = ☐

(11) 　6 + 7 = ☐

(12) 　1 + 7 = ☐

(13) 　5 + 7 = ☐

(14) 　7 + 7 = ☐

 합해서 10이 되는 덧셈이야.

(15) 　3 + 7 = ☐

(16) 　8 + 7 = ☐

(17) 　9 + 7 = ☐

(18) 　5 + 7 = ☐

(19) 　1 + 7 = ☐

(20) 　6 + 7 = ☐

(21) 　2 + 7 = ☐

(22) 　3 + 7 = ☐

(23) 　8 + 7 = ☐

(24) 　4 + 7 = ☐

 꼭꼭 　합해서 10이 되는 두 수를 알면 덧셈을 더 쉽게 할 수 있습니다.

✿ 다음 덧셈을 하세요.

(1) 2 + 7

	2
+	7

(2) 4 + 7

	4
+	7

(3) 3 + 7

	3
+	7

꼭꼭 더하기 7을 세로셈으로 익혀 봅니다. 블록을 이용하여 충분한 연습을 한 후, 세로셈만 보고 답이 나오도록 합니다.

다음 덧셈을 하세요.

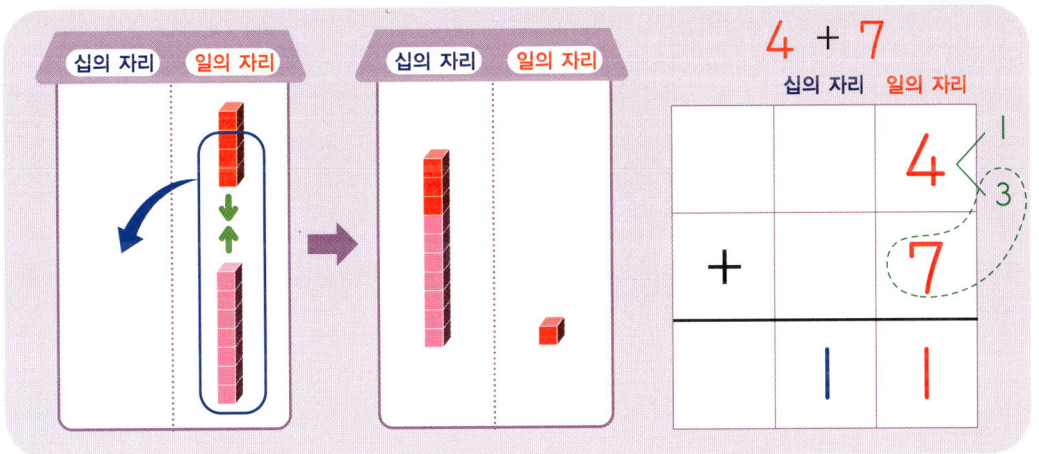

4 + 7

십의 자리	일의 자리
	4
+	7
1	1

2 주

(4) 3 + 7

	3
+	7

(5) 5 + 7

	5
+	7

(6) 6 + 7

	6
+	7

(7) 8 + 7

	8
+	7

(8) 9 + 7

	9
+	7

(9) 7 + 7

	7
+	7

 다음 덧셈을 하세요.

(1)

	1
+	7

(2)

	3
+	7

(3)

	2
+	7

(4)

	4
+	7

(5)

	7
+	7

(6)

	6
+	7

(7)

	8
+	7

(8)

	5
+	7

(9)

	9
+	7

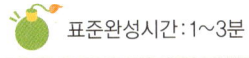
 다음 덧셈을 하세요.

(10)

	2
+	7

(11)

	5
+	7

(12)

	4
+	7

(13)

	1
+	7

(14)

	7
+	7

(15)

	8
+	7

(16)

	9
+	7

(17)

	3
+	7

(18)

	6
+	7

 (몇)＋(몇)의 합이 10을 넘으면 십의 자리로 받아올림합니다.

✿ 다음 덧셈을 하세요.

(1)
```
    1
+   7
────────
```

(2)
```
    3
+   7
────────
```

(3)
```
    4
+   7
────────
```

(4)
```
    5
+   7
────────
```

(5)
```
    2
+   7
────────
```

(6)
```
    7
+   7
────────
```

(7)
```
    8
+   7
────────
```

(8)
```
    9
+   7
────────
```

(9)
```
    6
+   7
────────
```

(10)
```
    3
+   7
────────
```

(11)
```
    8
+   7
────────
```

(12)
```
    5
+   7
────────
```

표준완성시간 : 1~3분

❁ 다음 덧셈을 하세요.

(13)
```
    1
+   7
─────
```

(14)
```
    5
+   7
─────
```

(15)
```
    2
+   7
─────
```

(16)
```
    4
+   7
─────
```

(17)
```
    8
+   7
─────
```

(18)
```
    6
+   7
─────
```

(19)
```
    9
+   7
─────
```

(20)
```
    3
+   7
─────
```

(21)
```
    7
+   7
─────
```

(22)
```
    2
+   7
─────
```

(23)
```
    6
+   7
─────
```

(24)
```
    4
+   7
─────
```

 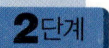
✿ 다음 덧셈을 하세요.

+7	
1	1 + 7
2	2 + 7
3	3 + 7

세로의 수 1에 가로의 수 7을 더해요.

+7	
4	
5	
6	

+7	
7	
8	
9	

+7	
3	
5	
8	

✿ 다음 덧셈을 하세요.

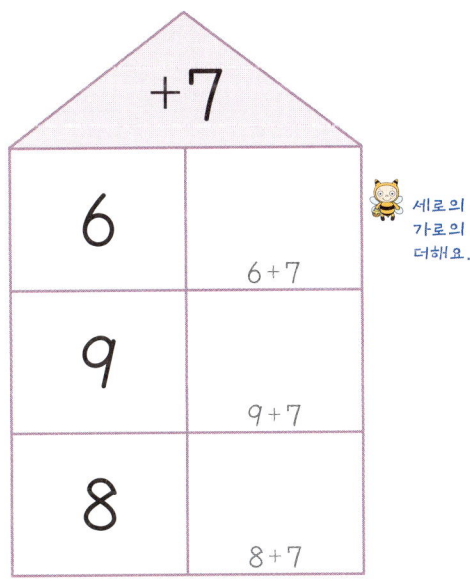

세로의 수 6에
가로의 수 7을
더해요.

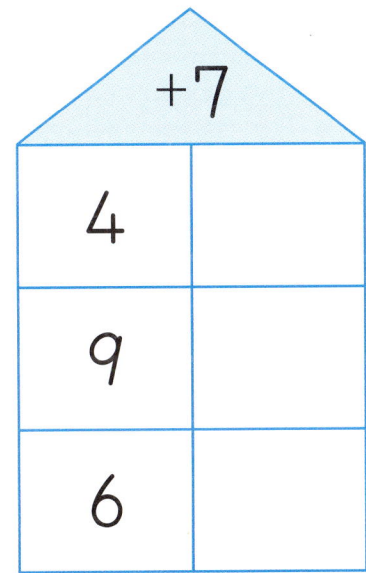

꼭꼭　세로의 수에 가로의 수 7을 더하여 빈칸에 써넣게 합니다. 가로셈과 세로셈을 연습하였으므로 식은
세우지 말고 바로 답이 나오도록 유도합니다.

 다음 덧셈을 하세요.

+	7
8	8+7
7	7+7
5	5+7
4	4+7
2	2+7
3	3+7
9	9+7

세로의 수 8에
가로의 수 7을
더해요.

+	7
1	
9	
6	
5	
7	
4	
2	

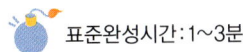 다음 덧셈을 하세요.

+	7
7	7 + 7
4	4 + 7
2	2 + 7
1	1 + 7
6	6 + 7
9	9 + 7
8	8 + 7

+	7
3	
5	
7	
6	
4	
8	
9	

그림에 알맞은 덧셈식을 찾아 색칠하세요.

| $3+7=10$ | $2+7=9$ | $1+7=8$ |

| $4+7=11$ | $6+7=13$ | $7+7=14$ |

꼭꼭 구체물의 수를 세면서 그림에 알맞은 덧셈식을 알아봅니다. 덧셈식과 그림의 관계를 이해하면서 덧셈의 개념을 익힙니다.

✿ 그림에 알맞은 덧셈식을 찾아 ◯표 하세요.

| $1 + 7 = 8$ | $2 + 7 = 9$ | $3 + 7 = 10$ |

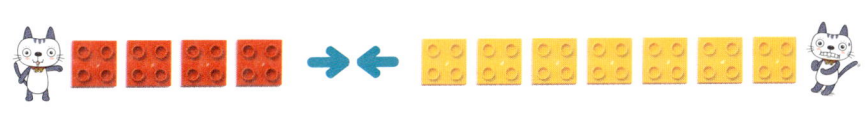

| $5 + 7 = 12$ | $4 + 7 = 11$ | $7 + 7 = 14$ |

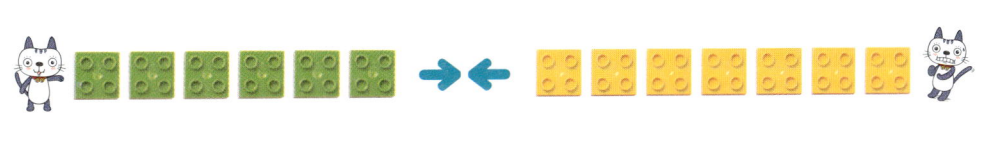

| $8 + 7 = 15$ | $6 + 7 = 13$ | $7 + 7 = 14$ |

✚ ☐ 안에 알맞은 수를 써넣어 덧셈식을 완성하세요.

4 + ☐ = 11

3 + ☐ = 10

9 + ☐ = 16

 왼쪽에 있는 구체물의 수는 더해지는 수, 오른쪽에 있는 구체물의 수는 더하는 수가 됩니다.
오른쪽의 수를 세어 보고 더하는 수가 몇인지 알아봅니다.

✚ 덧셈을 하고, 계산 결과가 더 큰 덧셈식에 ◯표 하세요.

똑같이 더하기 7이니까
더해지는 수가 크면
더 큰 덧셈식이야.

$6 + 7 =$ ☐　　　　　$3 + 7 =$ ☐

* (더해지는 수)+(더하는 수)

$4 + 7 =$ ☐　　　　　$7 + 7 =$ ☐

$2 + 7 =$ ☐　　　　　$8 + 7 =$ ☐

$9 + 7 =$ ☐　　　　　$1 + 7 =$ ☐

2주

 덧셈의 답을 쓰고, 계산 결과가 더 큰 덧셈식을 찾아봅니다. 모두 더하기 7이므로 더해지는 수가 큰 수가 더 큰 덧셈식이 된다는 것을 직관적으로 알게 합니다.

 주 더하기 7 : (1~19) + 7

차시	단계	공부한 날	잘 했나요?
25차시	1단계	월 일	😊 🙂 😑 😣
26차시		월 일	😊 🙂 😑 😣
27차시		월 일	😊 🙂 😑 😣
28차시		월 일	😊 🙂 😑 😣
29차시		월 일	😊 🙂 😑 😣
30차시		월 일	😊 🙂 😑 😣
31차시		월 일	😊 🙂 😑 😣
32차시		월 일	😊 🙂 😑 😣
33차시	2단계	월 일	😊 🙂 😑 😣
34차시		월 일	😊 🙂 😑 😣
35차시	3단계	월 일	😊 🙂 😑 😣
36차시		월 일	😊 🙂 😑 😣

틀린 개수가

0~1개이면 😊 (아주 잘함)에, 2~3개이면 🙂 (잘함)에,

4~5개이면 😑 (보통)에, 6개 이상이면 😣 (노력 바람)에 색칠해 주세요.

만화로 개념 알아보기

학습목표 수막대, 블록 등을 이용하여 더하기 7을 여러 가지 방법으로 계산할 수 있으며, 그림을 보고 알맞은 덧셈식을 만들 수 있습니다.

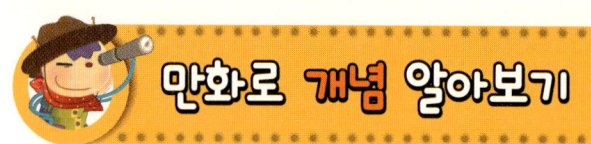

✚ 수를 모아 ☐ 안에 알맞은 수를 쓰고, 덧셈을 하세요.

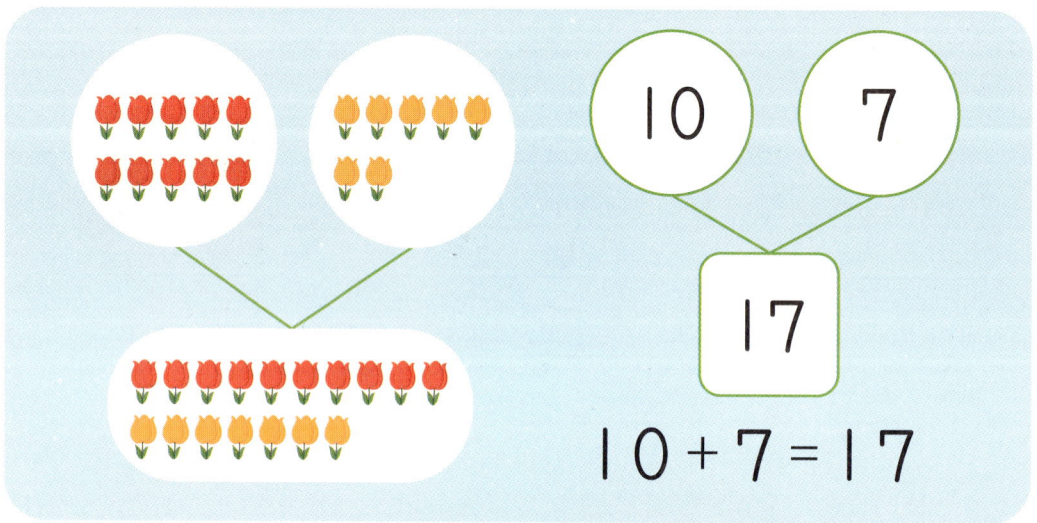

$$10 + 7 = 17$$

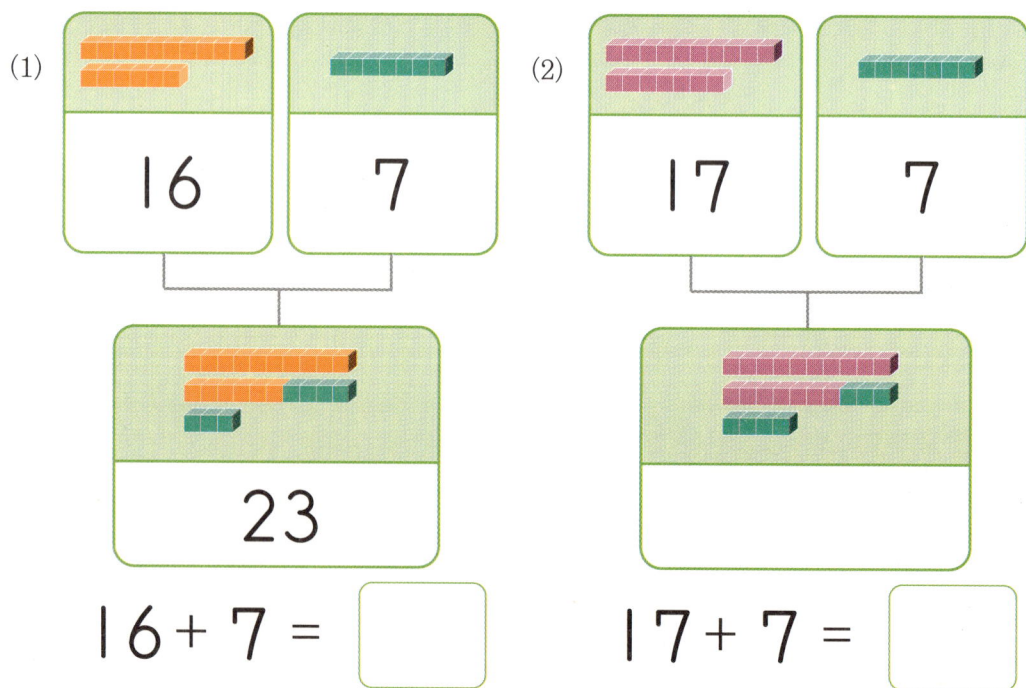

(1) $16 + 7 = $ ☐

(2) $17 + 7 = $ ☐

 꼭꼭   구체물로 모으기를 충분히 연습한 다음, 어느 정도 익숙해지면 구체물 없이 모으기를 연습해 봅니다.

✚ 수를 모아 ☐ 안에 알맞은 수를 쓰고, 덧셈을 하세요.

(3)

$10 + 7 = \boxed{17}$

(4)
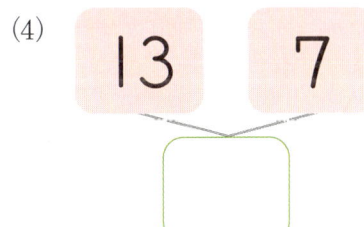

$13 + 7 = \boxed{}$

(5)

$11 + 7 = \boxed{}$

(6)
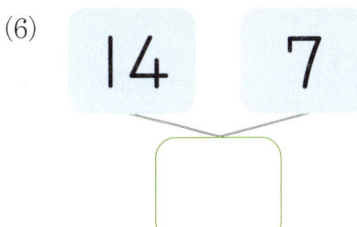

$14 + 7 = \boxed{}$

(7)
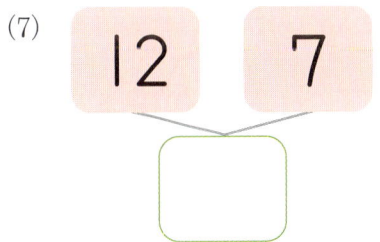

$12 + 7 = \boxed{}$

(8)
$15 \quad 7$

$15 + 7 = \boxed{}$

 다음 덧셈을 하세요.

(1)
$$10 + 7 =$$
십   더하기   칠   은

＊ 10과 7을 더하면 17이 되지요.
10+7=17이라고 써요.

(2)
$$11 + 7 =$$
십일   더하기   칠   은

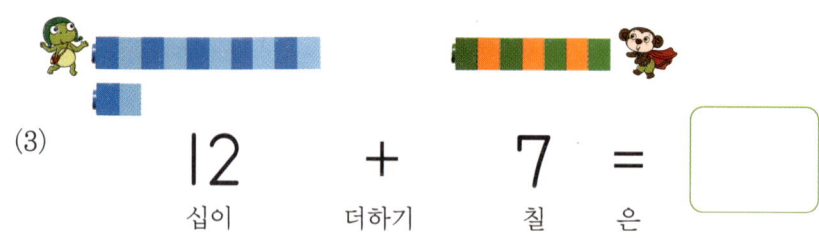

(3)
$$12 + 7 =$$
십이   더하기   칠   은

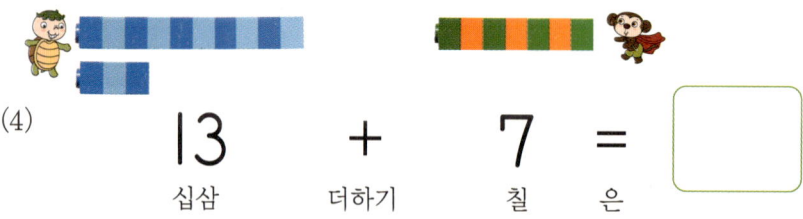

(4)
$$13 + 7 =$$
십삼   더하기   칠   은

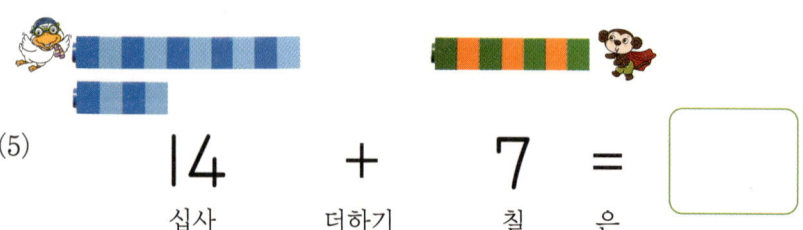

(5)
$$14 + 7 =$$
십사   더하기   칠   은

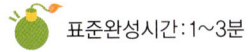
 다음 덧셈을 하세요.

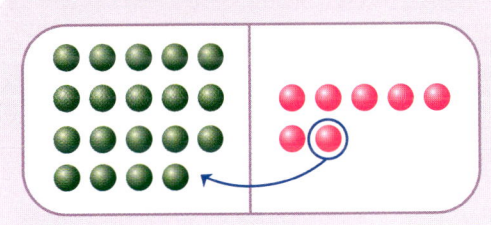

(6) $19 + 7 =$ ☐

$\overset{1 \quad 6}{\wedge}$

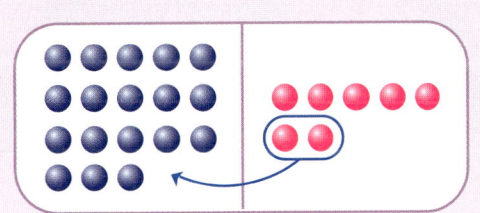

(7) $18 + 7 =$ ☐

$\overset{2 \quad 5}{\wedge}$

 **3**주

(8) $17 + 7 =$ ☐

$\overset{3 \quad 4}{\wedge}$

(9) $16 + 7 =$ ☐

$\overset{4 \quad 3}{\wedge}$

(10) $15 + 7 =$ ☐

$\overset{5 \quad 2}{\wedge}$

(11) $14 + 7 =$ ☐

$\overset{6 \quad 1}{\wedge}$

(12) $13 + 7 =$ ☐

(13) $12 + 7 =$ ☐

(14) $11 + 7 =$ ☐

(15) $10 + 7 =$ ☐

(16) $9 + 7 =$ ☐

(17) $8 + 7 =$ ☐

 꼭꼭　7은 1과 6, 2와 5, 3과 4, 4와 3, 5와 2, 6과 1로 가를 수 있습니다.

✿ 다음 덧셈을 하세요.

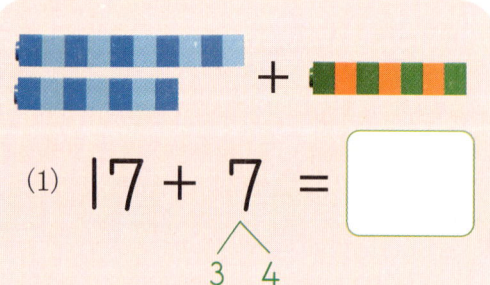

(1) 17 + 7 = ☐
　　　　　∧
　　　　 3　4

(2) 9 + 7 = ☐
　　　　 ∧
　　　　1　6

(3) 18 + 7 = ☐
　　　　　∧
　　　　 2　5

(4) 10 + 7 = ☐

(5) 16 + 7 = ☐
　　　　　∧
　　　　 4　3

(6) 15 + 7 = ☐
　　　　　∧
　　　　 5　2

(7) 11 + 7 = ☐

(8) 13 + 7 = ☐

(9) 12 + 7 = ☐

(10) 14 + 7 = ☐
　　　　　∧
　　　　 6　1

(11) 16 + 7 = ☐

(12) 19 + 7 = ☐

(13) 8 + 7 = ☐

(14) 7 + 7 = ☐

(15) 2 + 7 = ☐

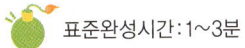
✤ 다음 덧셈을 하세요.

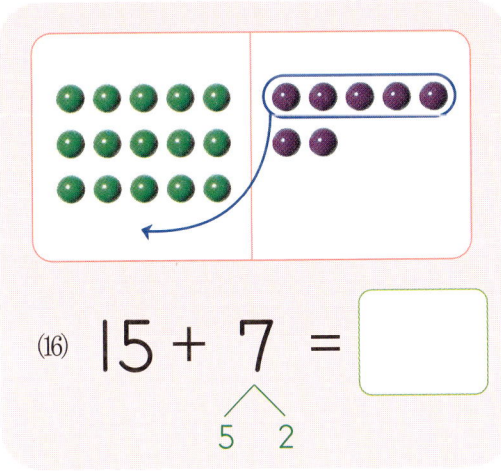

(16) $15 + 7 =$ ⬚

　　　⌃
　　5　2

(17) $16 + 7 =$ ⬚

　　　⌃
　　4　3

(18) $17 + 7 =$ ⬚

　　　⌃
　　3　4

(19) $18 + 7 =$ ⬚

(20) $10 + 7 =$ ⬚

(21) $19 + 7 =$ ⬚

　　　⌃
　　1　6

(22) $11 + 7 =$ ⬚

(23) $12 + 7 =$ ⬚

(24) $13 + 7 =$ ⬚

(25) $14 + 7 =$ ⬚

　　　⌃
　　6　1

(26) $18 + 7 =$ ⬚

　　　⌃
　　2　5

(27) $15 + 7 =$ ⬚

(28) $17 + 7 =$ ⬚

(29) $16 + 7 =$ ⬚

3주

✿ 다음 덧셈을 하세요.

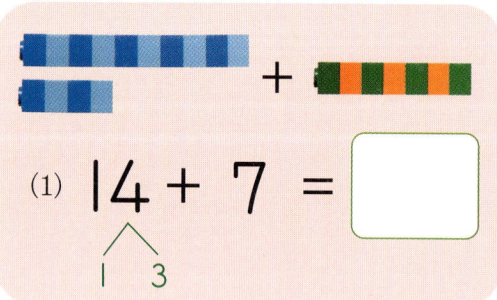

(1) $14 + 7 =$ ⬜
    1   3

(2) $18 + 7 =$ ⬜
    5   3

(3) $12 + 7 =$ ⬜

(4) $17 + 7 =$ ⬜
    4   3

(5) $10 + 7 =$ ⬜

(6) $13 + 7 =$ ⬜

(7) $15 + 7 =$ ⬜
    2   3

(8) $14 + 7 =$ ⬜

(9) $16 + 7 =$ ⬜
    3   3

(10) $19 + 7 =$ ⬜
    6   3

(11) $15 + 7 =$ ⬜

(12) $11 + 7 =$ ⬜

(13) $12 + 7 =$ ⬜

(14) $8 + 7 =$ ⬜

(15) $17 + 7 =$ ⬜

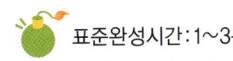
 다음 덧셈을 하세요.

(16) 12 + 7 = ☐

(17) 16 + 7 = ☐
　　　∧
　　3　3

(18) 15 + 7 = ☐
　　∧
　2　3

(19) 14 + 7 = ☐
　　　∧
　　1　3

(20) 11 + 7 = ☐

(21) 13 + 7 = ☐

(22) 17 + 7 = ☐
　　∧
　4　3

(23) 19 + 7 = ☐
　　　∧
　　6　3

(24) 18 + 7 = ☐
　　∧
　5　3

(25) 15 + 7 = ☐

(26) 13 + 7 = ☐

(27) 16 + 7 = ☐

(28) 11 + 7 = ☐

(29) 10 + 7 = ☐

(30) 14 + 7 = ☐

(31) 12 + 7 = ☐

🍀 다음 덧셈을 하세요.

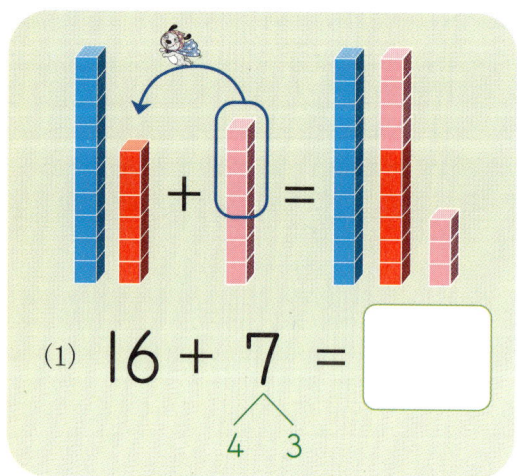

(1) $16 + 7 =$ ⬚

(2) $15 + 7 =$ ⬚

(3) $17 + 7 =$ ⬚

(4) $18 + 7 =$ ⬚

(5) $10 + 7 =$ ⬚

(6) $19 + 7 =$ ⬚

(7) $11 + 7 =$ ⬚

(8) $12 + 7 =$ ⬚

(9) $18 + 7 =$ ⬚

(10) $11 + 7 =$ ⬚

(11) $13 + 7 =$ ⬚

(12) $15 + 7 =$ ⬚

(13) $14 + 7 =$ ⬚

(14) $19 + 7 =$ ⬚

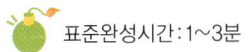
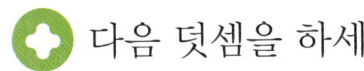 다음 덧셈을 하세요.

(15) 13 + 7 =

(16) 11 + 7 =

(17) 18 + 7 =

(18) 17 + 7 =

(19) 12 + 7 =

(20) 16 + 7 =

(21) 14 + 7 =

(22) 15 + 7 =

(23) 19 + 7 =

(24) 14 + 7 =

(25) 15 + 7 =

(26) 18 + 7 =

(27) 13 + 7 =

(28) 19 + 7 =

(29) 16 + 7 =

(30) 10 + 7 =

3주

❁ 다음 덧셈을 하세요.

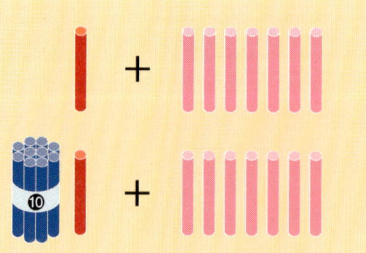

(1) $1 + 7 = \boxed{}$

$11 + 7 = \boxed{}$

✱ 일의 자리 숫자 1과 7을 더하여 오른쪽에 쓰고, 십의 자리 숫자는 그대로 왼쪽에 써요.

(2) $2 + 7 = \boxed{}$

$12 + 7 = \boxed{}$

(3) $4 + 7 = \boxed{}$

$14 + 7 = \boxed{}$

(4) $5 + 7 = \boxed{}$

$15 + 7 = \boxed{}$

(5) $3 + 7 = \boxed{}$

$13 + 7 = \boxed{}$

(6) $8 + 7 = \boxed{}$

$18 + 7 = \boxed{}$

(7) $6 + 7 = \boxed{}$

$16 + 7 = \boxed{}$

 꼭꼭   더해지는 수가 10 커지면 그 합도 10 커집니다.

다음 덧셈을 하세요.

(8) $15 + 7 =$ ☐

(9) $14 + 7 =$ ☐

(10) $11 + 7 =$ ☐

(11) $12 + 7 =$ ☐

(12) $16 + 7 =$ ☐

(13) $13 + 7 =$ ☐

(14) $18 + 7 =$ ☐

(15) $19 + 7 =$ ☐

(16) $17 + 7 =$ ☐

(17) $15 + 7 =$ ☐

(18) $12 + 7 =$ ☐

(19) $18 + 7 =$ ☐

(20) $19 + 7 =$ ☐

(21) $10 + 7 =$ ☐

(22) $13 + 7 =$ ☐

(23) $16 + 7 =$ ☐

3주

➕ 다음 덧셈을 하세요.

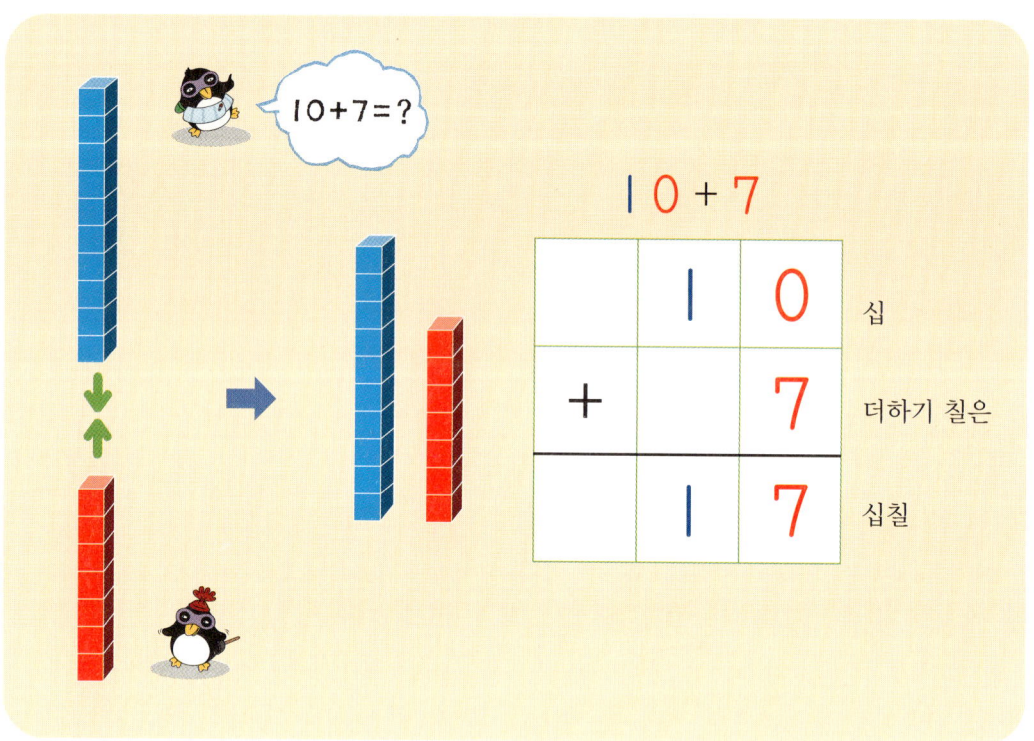

	(1) 1 1 + 7			(2) 1 2 + 7			(3) 1 3 + 7
	1	1		1	2		1	3
+		7	+		7	+		7

 블록을 이용하여 받아올림이 없는 (십몇)+(몇)의 덧셈을 해 보고, 익숙해지면 세로셈으로 일의 자리 숫자와 십의 자리 숫자의 자릿수를 잘 맞춰서 계산합니다.

 다음 덧셈을 하세요.

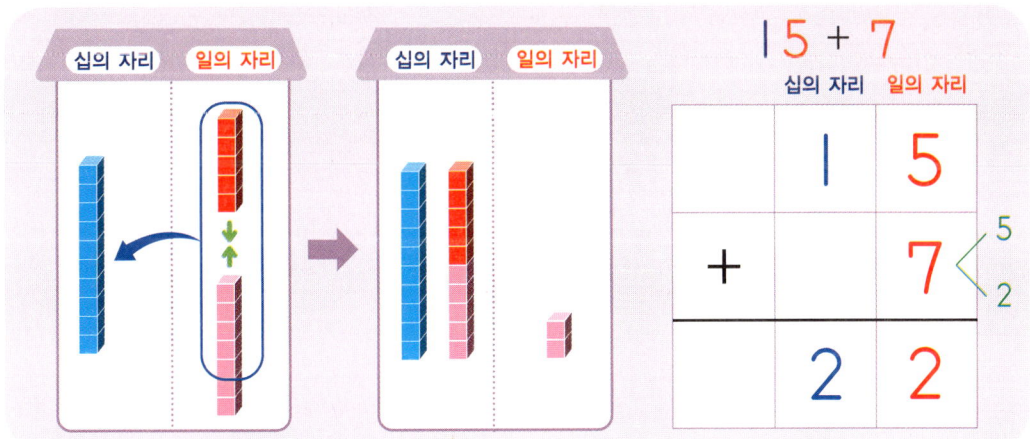

(4) 14 + 7

	1	4
+		7

(5) 17 + 7

	1	7
+		7

(6) 16 + 7

	1	6
+		7

(7) 18 + 7

	1	8
+		7

(8) 11 + 7

	1	1
+		7

(9) 19 + 7

	1	9
+		7

 다음 덧셈을 하세요.

(1)

	1	4
+		7

(2)

	1	2
+		7

(3)

	1	0
+		7

(4)

	1	1
+		7

(5)

	1	6
+		7

(6)

	1	9
+		7

(7)

	1	8
+		7

(8)

	1	5
+		7

(9)

	1	3
+		7

 일의 자리의 숫자는 일의 자리 숫자끼리 덧셈을 합니다. 일의 자리끼리 덧셈을 하여 10이 넘으면 십의 자리로 받아올림을 하여 계산합니다.

✿ 다음 덧셈을 하세요.

(10)
```
   1 3
+    7
─────
```

(11)
```
   1 2
+    7
─────
```

(12)
```
   1 1
+    7
─────
```

(13)
```
   1 8
+    7
─────
```

(14)
```
   1 4
+    7
─────
```

(15)
```
   1 5
+    7
─────
```

(16)
```
   1 6
+    7
─────
```

(17)
```
   1 9
+    7
─────
```

(18)
```
   1 7
+    7
─────
```

(19)
```
   1 0
+    7
─────
```

(20)
```
   1 8
+    7
─────
```

(21)
```
   1 9
+    7
─────
```

  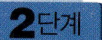

❖ 다음 덧셈을 하세요.

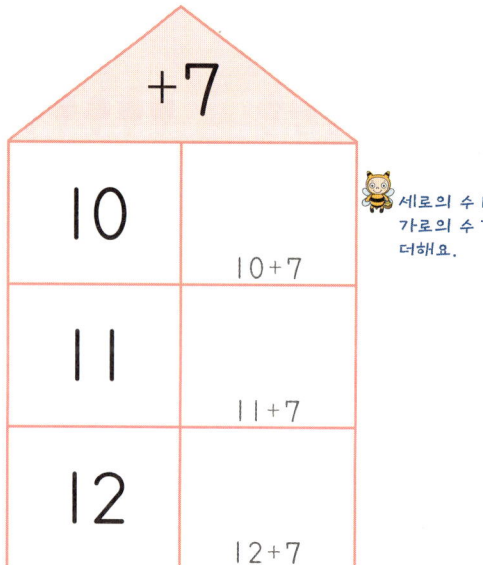

세로의 수 10에
가로의 수 7을
더해요.

+7	
10	10+7
11	11+7
12	12+7

+7	
13	
14	
15	

+7	
16	
17	
18	

+7	
19	
12	
15	

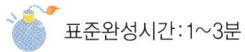
 다음 덧셈을 하세요.

+	7
15	15+7
11	11+7
13	13+7
17	17+7
19	19+7
10	10+7
16	16+7

세로의 수 15에
가로의 수 7을
더해요.

+	7
12	
14	
16	
15	
13	
18	
11	

 3주

 꼭꼭   (십몇)+7을 계산할 때 (몇)+7의 계산 결과가 10을 넘으면 십의 자리로 받아올림합니다.

34 차시   더하기 7 : (1~19) +7   **2**단계

○ 다음 덧셈을 하세요.

+	13	17	11	14	12
7					
	13+7	17+7	11+7	14+7	12+7

🐝 가로의 수 13에
세로의 수 7을
더해요.

+	15	16	14	10	18
7					

+	12	18	19	16	15
7					

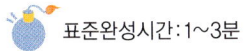

다음 덧셈을 하세요.

+	17	2	19	11	15	3
7	17+7	2+7	19+7	11+7	15+7	3+7

3주

+	10	14	4	5	18	6
7						

+	13	16	7	9	12	18
7						

➕ 그림에 알맞은 덧셈식을 찾아 색칠하세요.

| 13+7=20 | 12+7=19 | 11+7=18 |

| 14+7=21 | 15+7=22 | 13+7=20 |

| 10+7=17 | 11+7=18 | 12+7=19 |

 구체물의 개수를 각각 세어 숫자로 나타낸 다음 그 두 수를 더하여 합을 구해 봅니다.

✚ 그림에 알맞은 덧셈식을 찾아 ◯표 하세요.

| 6+7=13 | 12+7=19 | 13+7=20 |

3주

| 16+7=23 | 7+7=14 | 15+7=22 |

| 17+7=24 | 14+7=21 | 18+7=25 |

✿ 식이 완성되도록 ○를 그리고, ☐ 안에 알맞은 수를 쓰세요.

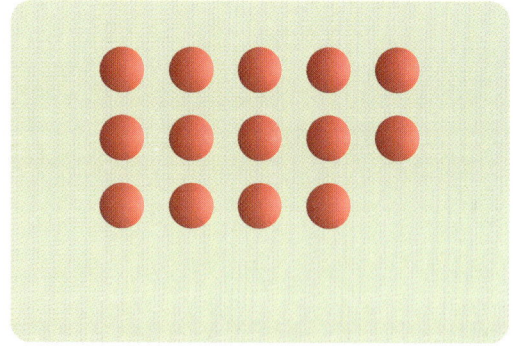

$11 + \boxed{} = 18$

$14 + \boxed{} = 21$

$13 + \boxed{} = 20$

 꼭꼭 주어진 구체물에 몇을 더해야 하는지 알아봅니다. 예를 들어 11+☐=18에서 18이 될 때까지 ○ 를 그리게 한 다음, ○의 수가 ☐ 안에 들어가는 수가 됨을 알게 합니다.

✚ 덧셈을 하고, 계산 결과가 가장 큰 덧셈에 ◯표 하세요.

똑같이 더하기 7이니까 더해지는 수가 크면 더 큰 덧셈이야.

13＋7　　11＋7　　15＋7

3주

17＋7　　10＋7　　12＋7

18＋7　　19＋7　　16＋7

꼭꼭　세 개의 덧셈의 답을 쓰고, 계산 결과가 가장 큰 덧셈을 찾아봅니다. 모두 더하기 7이므로 더해지는 수가 가장 큰 수가 가장 큰 덧셈이 된다는 것을 알게 합니다.

4주 더하기 7 : (1~23)+7

학습 체크표 매일 학습이 끝나면 채점을 하고 체크표를 작성하여 나의 실력을 알아보세요.

차시	단계	공부한 날	잘 했나요?			
37차시		월 일	😊	🙂	😐	😣
38차시		월 일	😊	🙂	😐	😣
39차시		월 일	😊	🙂	😐	😣
40차시		월 일	😊	🙂	😐	😣
41차시	1단계	월 일	😊	🙂	😐	😣
42차시		월 일	😊	🙂	😐	😣
43차시		월 일	😊	🙂	😐	😣
44차시		월 일	😊	🙂	😐	😣
45차시	2단계	월 일	😊	🙂	😐	😣
46차시		월 일	😊	🙂	😐	😣
47차시	3단계	월 일	😊	🙂	😐	😣
48차시		월 일	😊	🙂	😐	😣

틀린 개수가

0~1개이면 😊 (아주 잘함)에, 2~3개이면 🙂 (잘함)에,

4~5개이면 😐 (보통)에, 6개 이상이면 😣 (노력 바람)에 색칠해 주세요.

만화로 개념 알아보기

학습목표 십의 자리와 일의 자리의 자릿값과 덧셈의 계산 원리를 이해하고, 더하기 7의 계산을 능숙하게 할 수 있습니다.

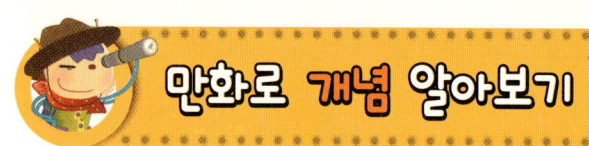

16+7=23이니까 23개를 만들어!

$16 + 7 = 23$

헉…

한 사람당 하나씩이요? 이렇게나 많이…

키키키…

아, 맞다! 7명 더 온다는 걸 깜빡했었네요. 엄마!

!!

들었지? 그럼 23+7=30 이니까 30개의 떡을 만들어!

$23 + 7 = 30$

➕ 수를 모아 ☐ 안에 알맞은 수를 쓰고, 덧셈을 하세요.

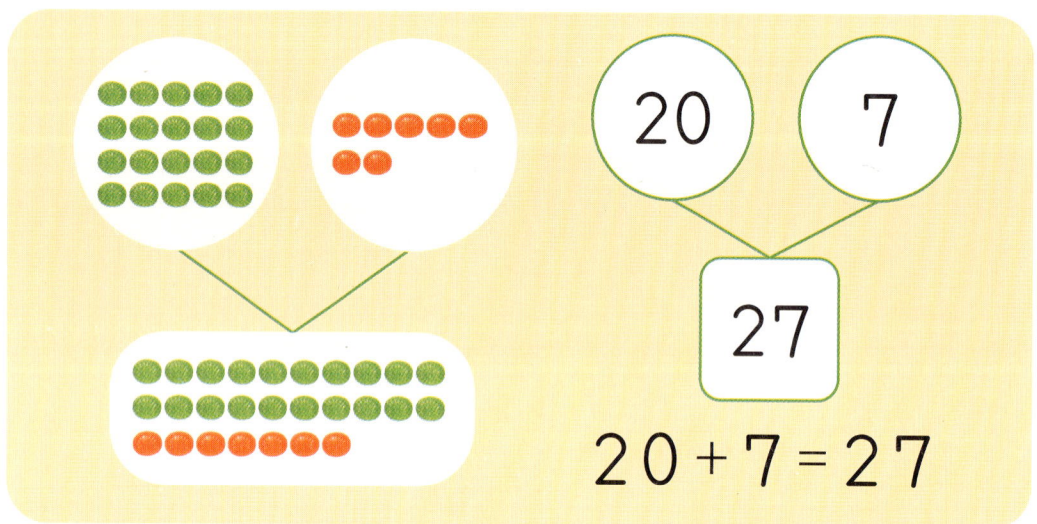

$$20 + 7 = 27$$

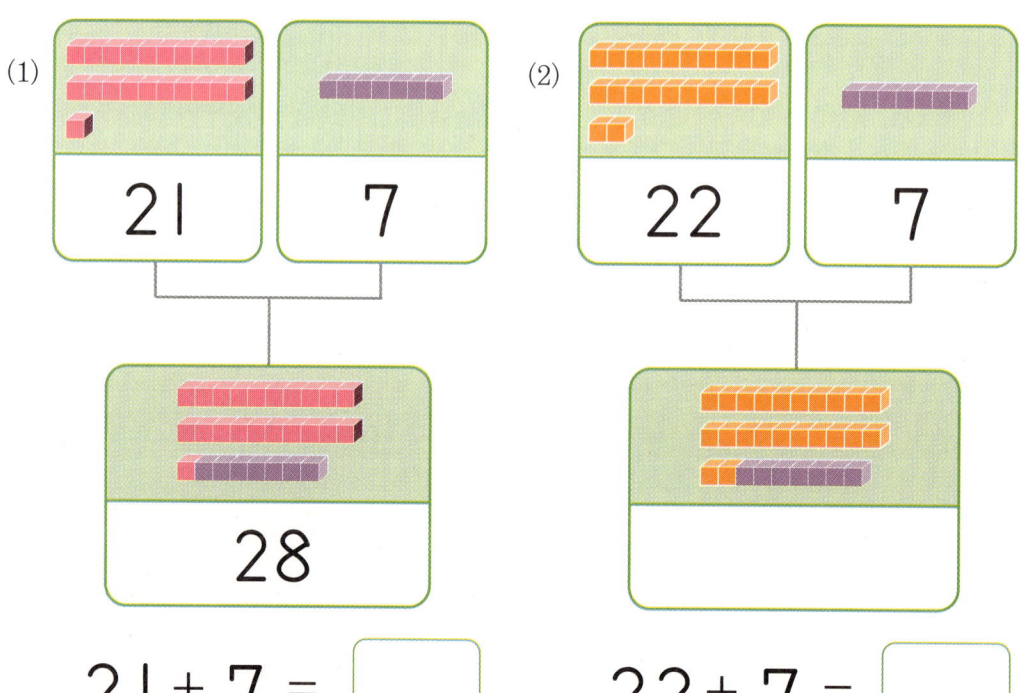

(1)   21   7   28

(2)   22   7

$$21 + 7 = \boxed{}$$

$$22 + 7 = \boxed{}$$

✿ 수를 모아 ☐ 안에 알맞은 수를 쓰고, 덧셈을 하세요.

(3)

15 7

22

15 + 7 = 22

(4)

17 7

☐

17 + 7 = ☐

(5)

13 7

☐

13 + 7 = ☐

(6)

23 7

☐

23 + 7 = ☐

(7)

19 7

☐

19 + 7 = ☐

(8)

18 7

☐

18 + 7 = ☐

4주

✚ 다음 덧셈을 하세요.

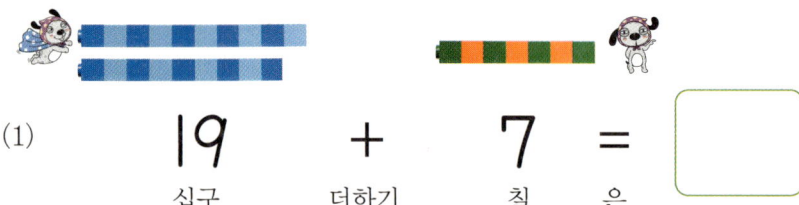

(1)
$$19 + 7 =$$
십구　　더하기　　칠　은

(2)
$$20 + 7 =$$
이십　　더하기　　칠　은

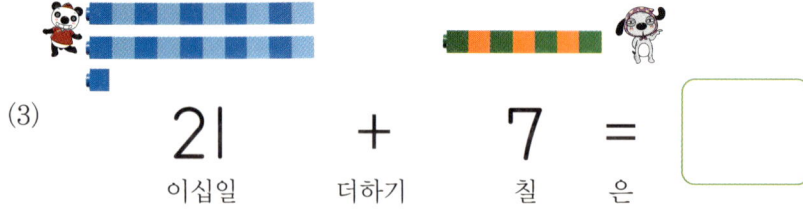

(3)
$$21 + 7 =$$
이십일　　더하기　　칠　은

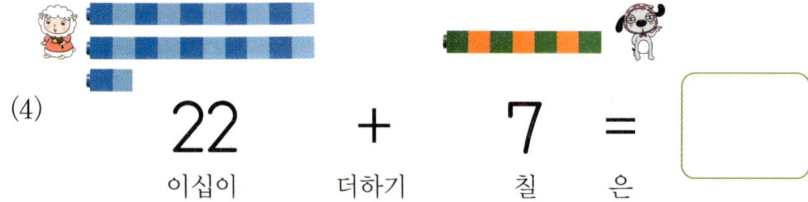

(4)
$$22 + 7 =$$
이십이　　더하기　　칠　은

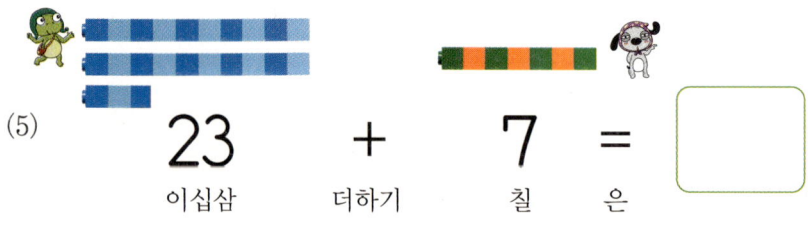

(5)
$$23 + 7 =$$
이십삼　　더하기　　칠　은

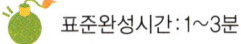
 다음 덧셈을 하세요.

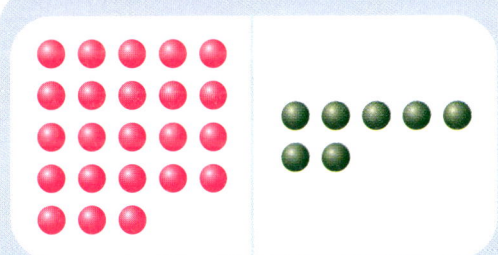

(6) 23 + 7 =

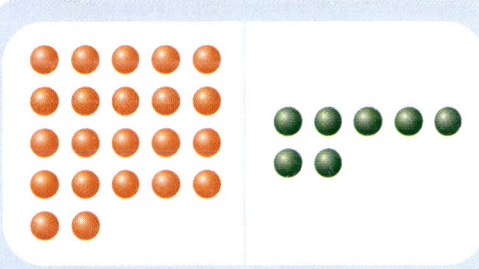

(7) 22 + 7 =

(8) 21 + 7 =

(9) 20 + 7 =

(10) 22 + 7 =

(11) 23 + 7 =

(12) 20 + 7 =

(13) 21 + 7 =

(14) 19 + 7 =

(15) 18 + 7 =

(16) 23 + 7 =

(17) 17 + 7 =

✿ 다음 덧셈을 하세요.

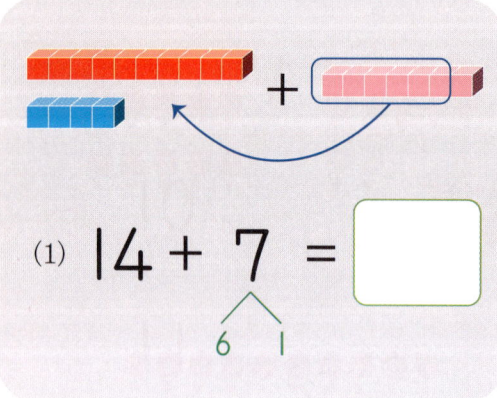

(1) $14 + 7 =$ ☐
　　　　　6　1

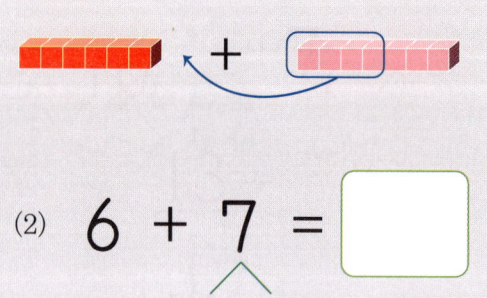

(2) $6 + 7 =$ ☐
　　　　4　3

(3) $20 + 7 =$ ☐

(4) $15 + 7 =$ ☐
　　　　5　2

(5) $10 + 7 =$ ☐

(6) $14 + 7 =$ ☐

(7) $13 + 7 =$ ☐

(8) $17 + 7 =$ ☐
　　　　3　4

(9) $16 + 7 =$ ☐
　　　　4　3

(10) $22 + 7 =$ ☐

(11) $23 + 7 =$ ☐

(12) $21 + 7 =$ ☐

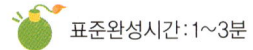
✚ 다음 덧셈을 하세요.

(13) $2 + 7 =$ ⬚

(14) $7 + 7 =$ ⬚
3　4

(15) $8 + 7 =$ ⬚
2　5

(16) $9 + 7 =$ ⬚
1　6

(17) $11 + 7 =$ ⬚

(18) $13 + 7 =$ ⬚

(19) $12 + 7 =$ ⬚

(20) $16 + 7 =$ ⬚
4　3

(21) $18 + 7 =$ ⬚
2　5

(22) $20 + 7 =$ ⬚

(23) $22 + 7 =$ ⬚

(24) $23 + 7 =$ ⬚

(25) $12 + 7 =$ ⬚

(26) $15 + 7 =$ ⬚
5　2

(27) $3 + 7 =$ ⬚

(28) $4 + 7 =$ ⬚
6　1

● 다음 덧셈을 하세요.

(1) $20 + 7 = \boxed{}$

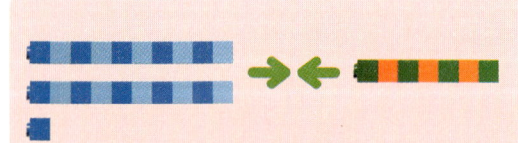

(2) $21 + 7 = \boxed{}$

(3) $22 + 7 = \boxed{}$ (4) $23 + 7 = \boxed{}$

(5) $21 + 7 = \boxed{}$ (6) $19 + 7 = \boxed{}$

(7) $20 + 7 = \boxed{}$ (8) $18 + 7 = \boxed{}$

(9) $23 + 7 = \boxed{}$ (10) $17 + 7 = \boxed{}$

(11) $16 + 7 = \boxed{}$ (12) $22 + 7 = \boxed{}$

다음 덧셈을 하세요.

(13) $22 + 7 =$ ☐　　　　(14) $18 + 7 =$ ☐

(15) $7 + 7 =$ ☐　　　　(16) $11 + 7 =$ ☐

(17) $13 + 7 =$ ☐　　　　(18) $9 + 7 =$ ☐

(19) $18 + 7 =$ ☐　　　　(20) $15 + 7 =$ ☐

(21) $21 + 7 =$ ☐　　　　(22) $12 + 7 =$ ☐

(23) $20 + 7 =$ ☐　　　　(24) $19 + 7 =$ ☐

(25) $8 + 7 =$ ☐　　　　(26) $17 + 7 =$ ☐

(27) $14 + 7 =$ ☐　　　　(28) $10 + 7 =$ ☐

➕ 다음 덧셈을 하세요.

(1)
2 + 7 =

12 + 7 =

22 + 7 =

(2)
3 + 7 =

13 + 7 =

23 + 7 =

(3)
1 + 7 =

11 + 7 =

21 + 7 =

(4)
10 + 7 =

20 + 7 =

 10보다 20이 10 더 크므로
합도 10이 더 커.

(5)
4 + 7 =

14 + 7 =

(6)
9 + 7 =

19 + 7 =

(7)
6 + 7 =

16 + 7 =

(8)
5 + 7 =

15 + 7 =

 꼭꼭   더하는 수가 같고 더해지는 수가 10 커지면 그 답도 10 커집니다.

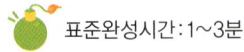
 다음 덧셈을 하세요.

(9)　6 + 7 =

(10)　2 + 7 =

(11)　11 + 7 =

(12)　13 + 7 =

(13)　15 + 7 =

(14)　9 + 7 =

(15)　4 + 7 =

(16)　17 + 7 =

(17)　14 + 7 =

(18)　5 + 7 =

(19)　8 + 7 =

(20)　12 + 7 =

(21)　23 + 7 =

(22)　18 + 7 =

(23)　16 + 7 =

(24)　10 + 7 =

4주

✿ 다음 덧셈을 하세요.

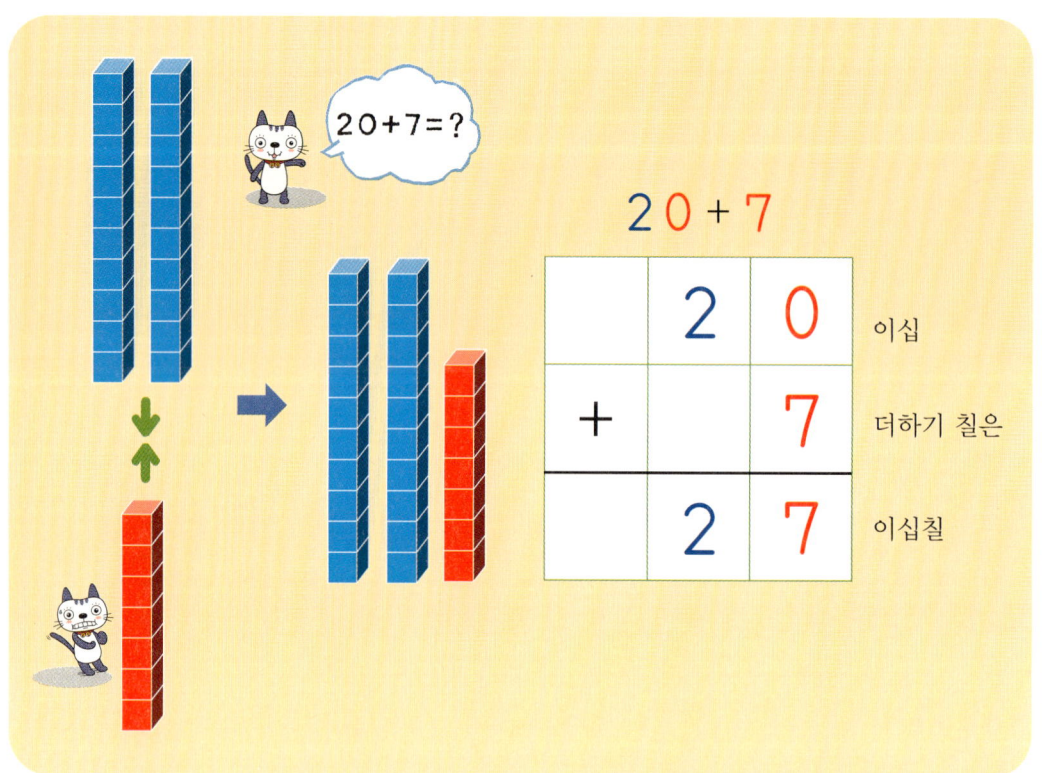

(1)　21 + 7

	2	1
+		7

(2)　22 + 7

	2	2
+		7

(3)　19+ 7

	1	9
+		7

다음 덧셈을 하세요.

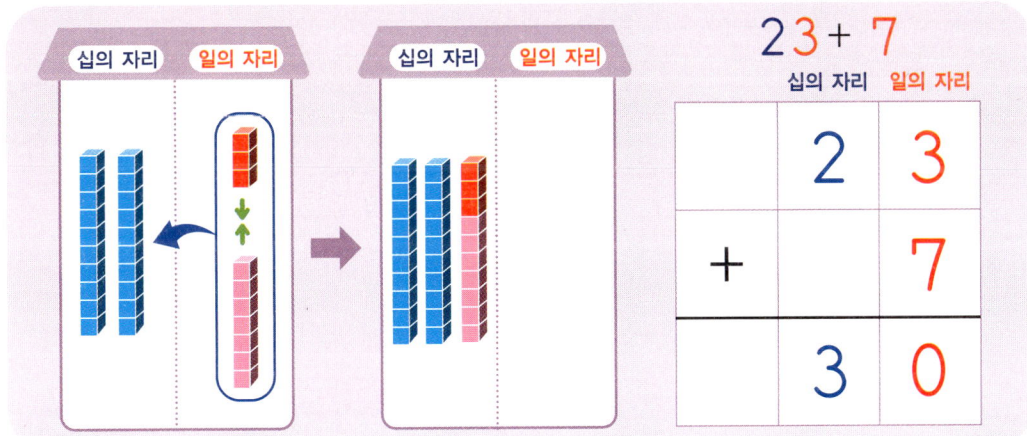

(4)　20 + 7

	2	0
+		7

(5)　19 + 7

	1	9
+		7

(6)　18 + 7

	1	8
+		7

(7)　17 + 7

	1	7
+		7

(8)　16 + 7

	1	6
+		7

(9)　15 + 7

	1	5
+		7

✚ 다음 덧셈을 하세요.

(1)
	2	2
+		7

(2)
	2	0
+		7

(3)
	1	9
+		7

(4)
	2	1
+		7

(5)
	1	6
+		7

(6)
	1	8
+		7

(7)
	2	3
+		7

(8)
	1	5
+		7

(9)
	1	7
+		7

✚ 다음 덧셈을 하세요.

(10)

	2	0
+		7

(11)

	1	9
+		7

(12)

	2	1
+		7

(13)

	2	2
+		7

(14)

	2	3
+		7

(15)

	1	6
+		7

(16)

	1	2
+		7

(17)

	1	7
+		7

(18)

	1	8
+		7

 꼭꼭　세로셈으로 계산할 때에는 자릿수를 잘 맞추는 것이 중요합니다. 계산을 한 뒤 어느 자리에 답을 써야 하는지 그 자릿값을 구별하여 답을 쓰게 합니다.

➕ 다음 덧셈을 하세요.

(1)
$$
\begin{array}{r}
2\ 2 \\
+\ \ 7 \\
\hline
\end{array}
$$

(2)
$$
\begin{array}{r}
1\ 7 \\
+\ \ 7 \\
\hline
\end{array}
$$

(3)
$$
\begin{array}{r}
2\ 0 \\
+\ \ 7 \\
\hline
\end{array}
$$

(4)
$$
\begin{array}{r}
2\ 1 \\
+\ \ 7 \\
\hline
\end{array}
$$

(5)
$$
\begin{array}{r}
1\ 9 \\
+\ \ 7 \\
\hline
\end{array}
$$

(6)
$$
\begin{array}{r}
1\ 5 \\
+\ \ 7 \\
\hline
\end{array}
$$

(7)
$$
\begin{array}{r}
2\ 3 \\
+\ \ 7 \\
\hline
\end{array}
$$

(8)
$$
\begin{array}{r}
1\ 8 \\
+\ \ 7 \\
\hline
\end{array}
$$

(9)
$$
\begin{array}{r}
1\ 6 \\
+\ \ 7 \\
\hline
\end{array}
$$

(10)
$$
\begin{array}{r}
1\ 4 \\
+\ \ 7 \\
\hline
\end{array}
$$

(11)
$$
\begin{array}{r}
1\ 1 \\
+\ \ 7 \\
\hline
\end{array}
$$

(12)
$$
\begin{array}{r}
1\ 3 \\
+\ \ 7 \\
\hline
\end{array}
$$

🍀 다음 덧셈을 하세요.

(13)
```
    2
+   7
─────
```

(14)
```
    1
+   7
─────
```

(15)
```
    4
+   7
─────
```

(16)
```
    7
+   7
─────
```

(17)
```
  1 5
+   7
─────
```

(18)
```
    9
+   7
─────
```

(19)
```
  2 2
+   7
─────
```

(20)
```
  1 8
+   7
─────
```

(21)
```
  2 3
+   7
─────
```

(22)
```
    8
+   7
─────
```

(23)
```
  1 6
+   7
─────
```

(24)
```
  2 0
+   7
─────
```

◆ 다음 덧셈을 하세요.

+7

23	23+7
22	22+7
21	21+7

세로의 수 23에
가로의 수 7을
더해요.

+7

20	
19	
18	

+7

17	
16	
15	

+7

12	
11	
10	

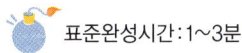
 다음 덧셈을 하세요.

+	7
16	16+7
12	12+7
17	17+7
18	18+7
15	15+7
10	10+7
19	19+7

세로의 수 16에
가로의 수 7을
더해요.

+	7
11	
14	
17	
13	
19	
16	
15	

 4주

 세로의 수는 더해지는 수, 가로의 수는 더하는 수가 됩니다.

 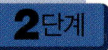
♦ 다음 덧셈을 하세요.

+	22	20	21	23	15
7	22+7	20+7	21+7	23+7	15+7

+	1	8	9	13	19
7					

+	10	14	4	16	2
7					

 다음 덧셈을 하세요.

+	17	8	23	9	21	12
7	17+7	8+7	23+7	9+7	21+7	12+7

+	10	11	14	13	17	20
7						

+	18	7	4	16	2	1
7						

 가로의 수는 더해지는 수, 세로의 수는 더하는 수가 됩니다.

✚ ☐ 안에 알맞은 수를 써넣고, 덧셈식을 완성하세요.

☐ + ☐ = ☐

☐ + ☐ = ☐

 꼭꼭 바구니에 들어 있는 과일의 수는 더해지는 수, 동물들이 가져오는 과일의 수는 더하는 수가 됩니다.

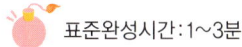
➕ 그림에 알맞은 덧셈식을 찾아 색칠하세요.

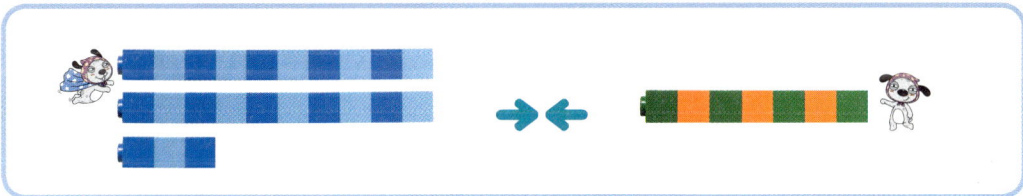

| $23+7=30$ | $22+7=29$ | $21+7=28$ |

| $19+7=26$ | $20+7=27$ | $22+7=29$ |

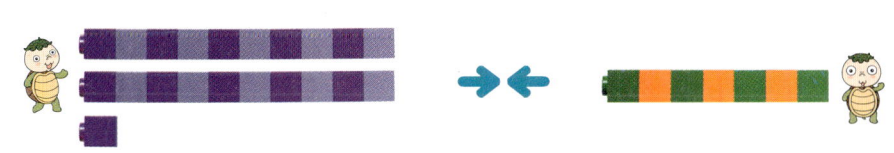

| $20+7=27$ | $21+7=28$ | $23+7=30$ |

➕ 식이 완성되도록 ○를 그리고, ☐ 안에 알맞은 수를 쓰세요.

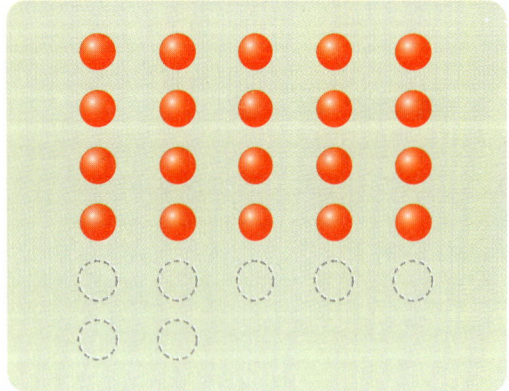

$$20 + \boxed{} = 27$$

$$23 + \boxed{} = 30$$

$$22 + \boxed{} = 29$$

 꼭꼭 먼저 그림의 수를 셉니다. 이 그림의 수는 더해지는 수가 되므로 ☐ 안에 어떤 수가 들어가야 덧셈
식이 완성되는지 알아봅니다.

✿ 덧셈을 하고, 계산 결과가 가장 큰 덧셈에 ◯ 하세요.

20+7

21+7

22+7

똑같이 더하기 7이니까 더해지는 수가 크면 더 큰 덧셈이야.

21+7

22+7

23+7

4주

19+7

20+7

21+7

 꼭꼭   더하는 수가 같을 때에는 더해지는 수가 클수록 그 합도 커집니다.

공부한 날 ◯ 월 ◯ 일

◆ 다음 계산을 하세요.

(1) $4 + 5 =$ ☐

(2) $2 + 6 =$ ☐

(3) $5 + 6 =$ ☐

(4) $9 + 7 =$ ☐

(5) $9 + 5 =$ ☐

(6) $7 + 7 =$ ☐

(7) $13 + 6 =$ ☐

(8) $18 + 7 =$ ☐

(9) $4 + 7 =$ ☐

(10) $15 + 7 =$ ☐

(11) $22 + 4 =$ ☐

(12) $20 + 7 =$ ☐

(13) $16 - 4 =$ ☐

(14) $7 - 5 =$ ☐

(15) $20 - 3 =$ ☐

(16) $18 - 4 =$ ☐

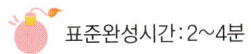
(17) $14 + 6 =$

(18) $20 + 1 =$

(19) $18 - 3 =$

(20) $10 - 5 =$

(21) $13 + 7 =$

(22) $11 - 3 =$

(23) $9 - 4 =$

(24) $20 - 6 =$

(25) $2 + 4 =$

(26) $9 + 3 =$

(27) $9 + 2 =$

(28) $10 + 7 =$

(29) $21 + 7 =$

(30) $14 + 4 =$

(31) $11 + 7 =$

(32) $9 + 6 =$

(33) $15 + 3 =$

(34) $22 + 7 =$

(35)
```
   1 1
+  5
───────
```

(36)
```
    8
+   4
───────
```

(37)
```
    6
+   6
───────
```

(38)
```
   2 0
+    2
───────
```

(39)
```
   1 9
+    7
───────
```

(40)
```
    3
+   4
───────
```

(41)
```
   1 4
+    7
───────
```

(42)
```
   1 2
+    7
───────
```

(43)
```
    8
+   7
───────
```

(44)
```
   1 5
-    5
───────
```

(45)
```
   1 0
-    4
───────
```

(46)
```
   1 3
-    6
───────
```

정답 및 지도서

자르는 선을 따라 잘라 보관하여, 채점할 때 사용하세요.

정답 및 지도서 C2

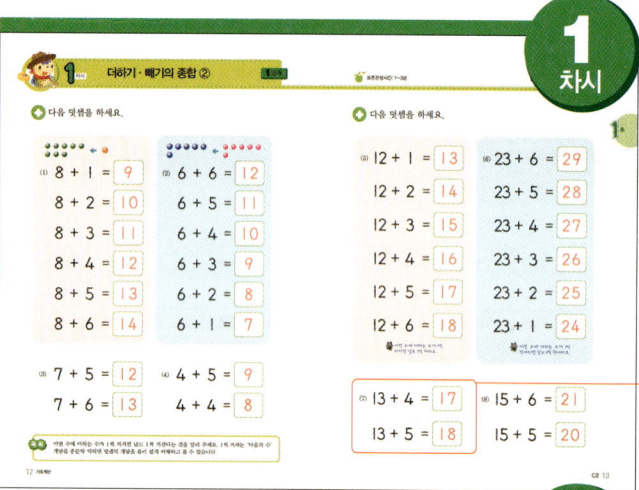

1주 더하기 · 빼기의 종합 ②

지도 방법

1. 덧셈 · 뺄셈을 처음 가르칠 때에는 구체적인 사물을 이용한 놀이를 통해 아이가 흥미를 느낄 수 있도록 해 주세요.

2. 다양한 형태의 덧셈식과 뺄셈식을 풀어 봄으로써 아이의 창의력과 응용력을 높일 수 있도록 해 주세요.

3. 덧셈식을 이용하여 뺄셈식을 만들어 보거나 뺄셈식을 이용하여 덧셈식을 만들어 보면서 더하기와 빼기의 개념을 이해하고, 문제 해결의 힘도 키워 주세요.

4. 계산식을 풀기 전에 아이에게 어떤 방법으로 풀면 효과적으로 풀 수 있는지 물어 보아 문제 해결력을 길러 주도록 하세요.

1차시

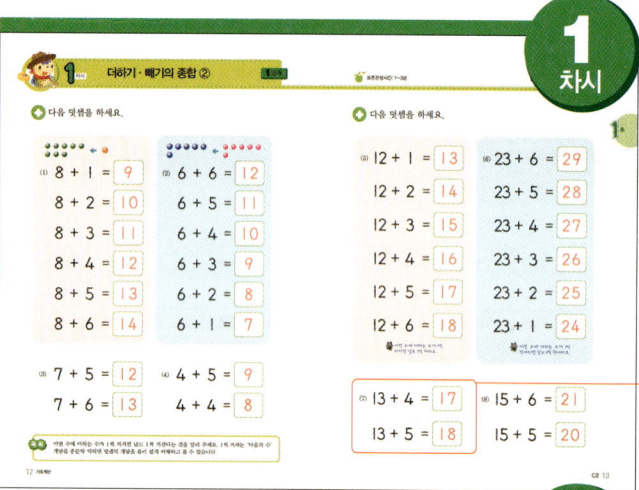

12~13쪽

- 13+4와 13+5를 차례로 계산해 볼까?
- 더하는 수 5가 4보다 몇 더 크지?
- 똑같은 수 13에 1씩 커지는 수를 각각 더했으니까 답도 1씩 커지는 거란다.

2차시

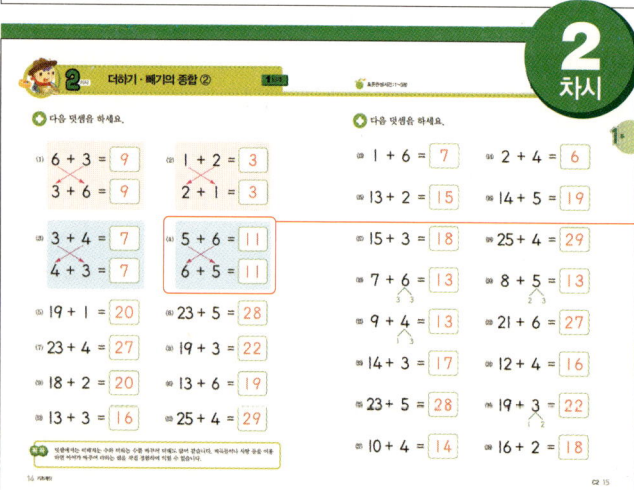

14~15쪽

- 엄마랑 바둑돌로 덧셈을 해 보자.
- 흰 바둑돌 5개와 검은 바둑돌 6개가 있어. 바둑돌이 모두 몇 개지? 반대로 흰 바둑돌 6개와 검은 바둑돌 5개가 있어. 바둑돌이 모두 몇 개지?
- 두 답을 비교해 보렴. 5에 6을 더한 답이나 6에 5를 더한 답은 같단다.

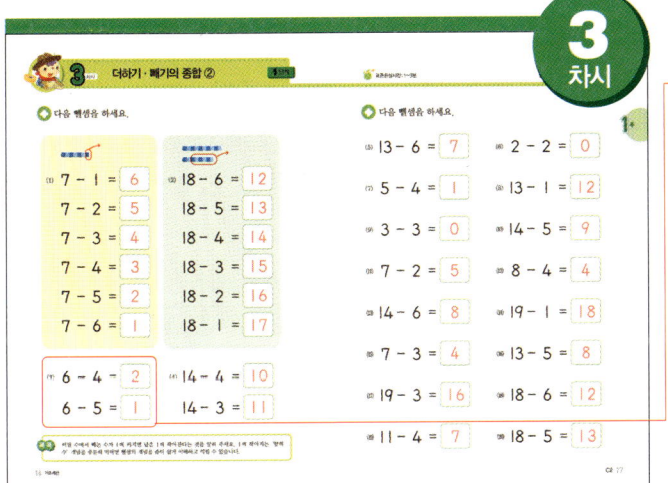

16~17쪽

- 6-4와 6-5의 답을 비교해 보렴. 6-4가 6-5보다 1 더 크지?
- 똑같은 수에서 빼는 수가 1씩 커지면 답은 1씩 작아진단다.

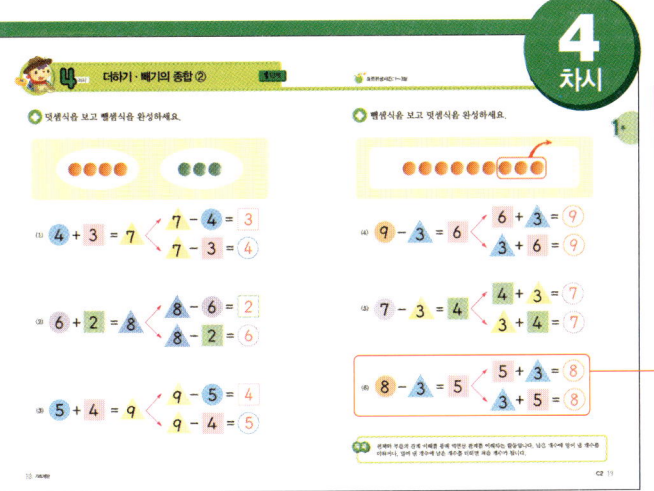

18~19쪽

- 8-3은 몇이니?
- 5에 빼는 수 3을 더하면 다시 8이 돼.
- 빼는 수 3에 5를 더하면 얼마가 되는지 알아보렴.

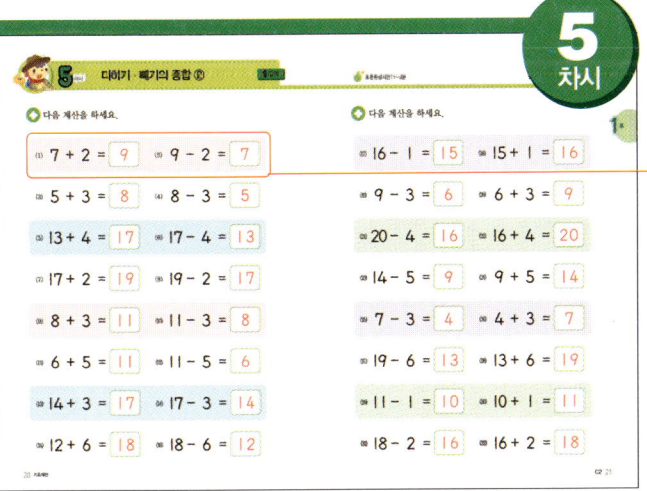

20~21쪽

- 7+2를 하고 9-2를 해 보자.
- 덧셈은 뺄셈으로, 뺄셈은 덧셈으로 나타낼 수 있단다.
- 덧셈식을 뺄셈식으로 나타낼 때 합이 빼어지는 수가 돼.

정답 및 지도서 C2

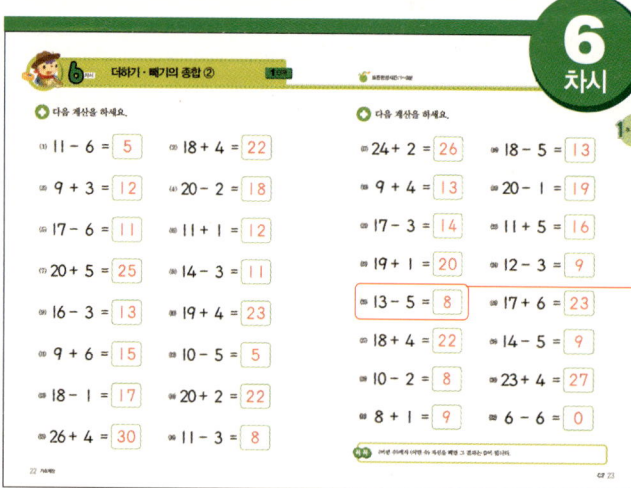

22~23쪽

- 13−5를 계산해 볼까?

$$13-5=8$$

3   2

❶ $13-3=10$

❷ $10-2=8$

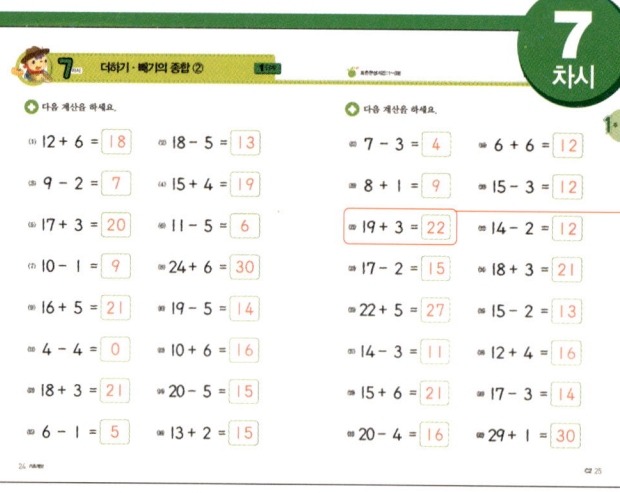

24~25쪽

- 19+3은 3을 두 수로 갈라서 풀어 보자.
- 더하는 수 3을 몇과 몇으로 갈라야 하지? 3을 1과 2로 갈라서 더해지는 수에 1을 더하고, 남은 수 2는 나중에 더하면 돼.

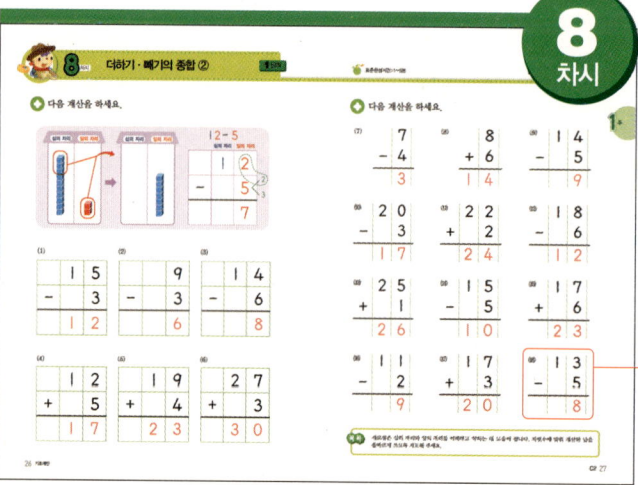

26~27쪽

- 뺄셈을 할 때는 빼는 수가 빼어지는 수의 일의 자리보다 더 크면 빼는 수를 가르기 하는 것이 좋아.
- 13−5에서 5를 갈라서 계산해 보렴. 5를 3과 2로 갈라야 해.

28~29쪽

- 엄마가 불러 준 수에서 4를 빼서 빈칸에 적어 볼래?
- 4에서 4를 뺐더니 답은 얼마가 나왔니?
- 어떤 수에서 어떤 수 자신을 빼면 0이 된다는 거 잊지 마.

30~31쪽

- 이번 문제는 5, 8, 9, 12, 13에 더하기 4를 해서 빈칸에 쓰고, 또 더하기 5를 해서 빈칸에 쓰면 되지? 더하는 수 4보다 더하는 수 5가 1 더 큰 수지? 답도 1씩 더 큰 수가 나온단다.

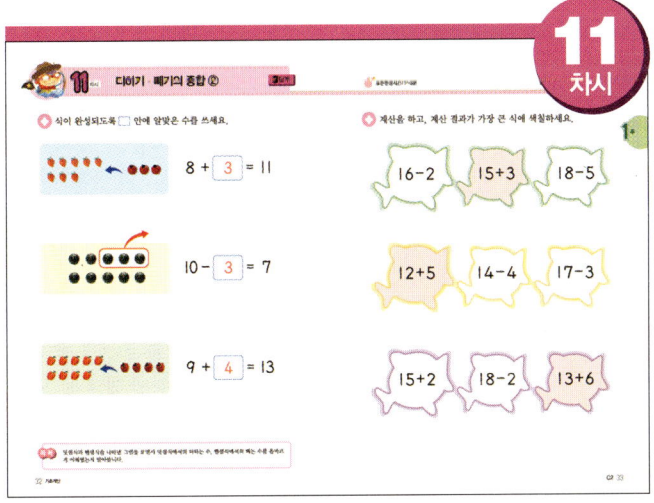

32~33쪽

- 과일이 모두 몇 개인지 세어 볼까? 몇 개를 더해야 11개가 되지? 또, 몇 개를 덜어내야 7개가 남지? 그림을 세어 보면서 알아보자.
- 덧셈과 뺄셈을 해 보자. 그런 뒤 계산 결과가 가장 큰 식을 찾아봐.

34~35쪽

• 1, 6, 7을 이용해서 덧셈식 하나와 뺄셈식 하나를 완성해 보자. 6에 1을 더하면 7. 더하기 7은 아직 안배웠지만 6에 7을 더하면 13이란다. 그런데 이 세 수만 이용해서 덧셈식을 완성해야 하므로 6+1=7이 되겠지?

체크 포인트

① 자주 틀리는 문제는 계산 방법을 이해하지 못하고 있는지, 푸는 과정이 틀렸는지를 파악하여 정확히 풀 수 있도록 지도해 주세요.

② 실제 생활 속에서 덧셈과 뺄셈을 응용해 봄으로써 아이가 쉽고 재미있게 덧셈·뺄셈의 원리를 알 수 있도록 지도해 주세요.

③ 덧셈·뺄셈에 대한 학습이 어느 정도 이루어지면 구두 테스트를 하여 아이의 암산 능력을 키워 주세요.

정답 및 지도서 C2

2주 더하기 7 : (1~9)+7

지도 방법

① 더하는 수가 커지면서 세어 보는 방법만으로 덧셈을 할 경우, 수를 빠뜨리거나 세는 순서를 헷갈려 하는 문제가 생길 수 있습니다. 그러면 정확한 답을 구하기가 어려우므로 아이가 직관적으로 숫자만으로 정확히 계산할 수 있도록 문제 풀이와 구두 테스트를 지속적으로 해 주세요.

② 그동안 사용한 구슬이나 바둑돌 대신에 '+7'이 쓰인 덧셈 카드와 블록을 준비하여 덧셈의 답만큼 블록을 빨리 가져오기 놀이를 진행해도 좋습니다. 직접 몸을 움직이며 덧셈을 익힐 경우 아이가 더 쉽게 이해할 수 있습니다.

③ 9+7처럼 합이 10이 넘어가는 더하기는 더하는 수나 더해지는 수를 10으로 만들어 10+6과 같이 바꾸어 풀 수도 있음을 알려 주세요.

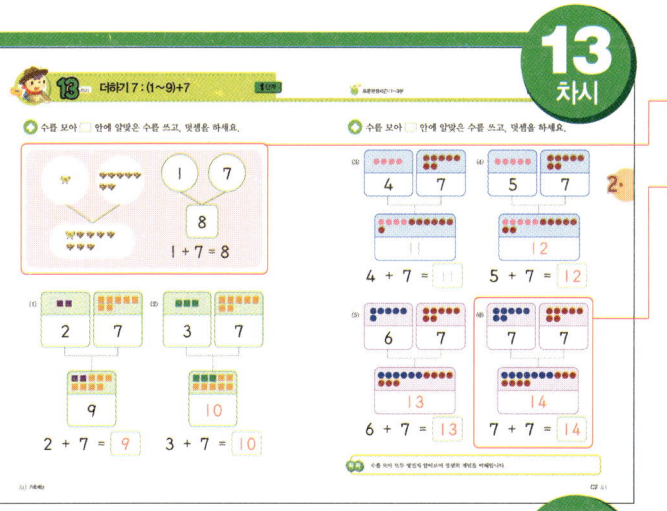

40~41쪽

- 나비는 1마리, 벌은 7마리 있지? 그럼 모두 몇 마리일까?

- 파란색 구슬 7개와 빨간색 구슬 7개가 있지? 더하면 모두 몇 개가 되는지 세어 볼까?

42~43쪽

- 블록 1개와 블록 7개를 붙이면 블록이 모두 몇 개가 되니? 그래 8개지.

- 그럼 블록 2개에 블록 7개를 연결하면? 그래 9개야. 그래서 2+7은 9가 되는 거란다. 이렇게 어떤 수에 7을 더하면 7씩 커진단다.

15 차시

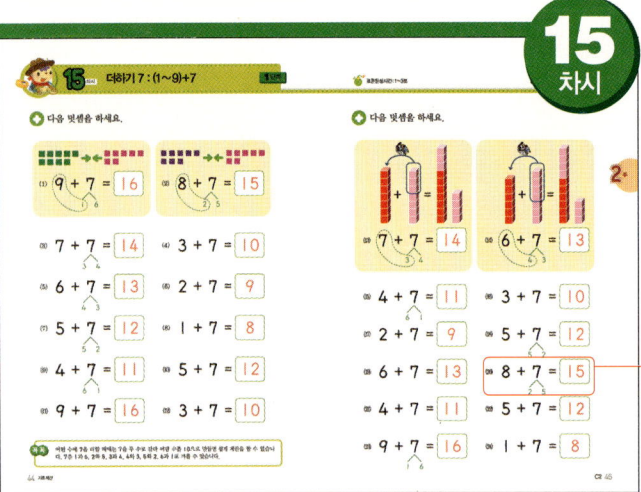

44~45쪽

- 더하는 수 7을 두 수로 갈라 덧셈을 해 보자.
  - $8+7=15$
    - ❶ $8+2=10$
    - ❷ $10+5=15$
- $9+7$도 이런 방법으로 계산해 보자.

16 차시

46~47쪽

- 빨간색 구슬 4개와 초록색 구슬 7개가 있네. 빨간색 구슬 몇 개를 초록색 구슬쪽으로 보내야 구슬이 10개가 될까? 그래 3개 보내면 되겠지. 그럼 빨간색 구슬은 몇 개가 남아? 한 개 남지. 그럼 빈칸에 몇으로 써야 하지? 10개를 만들고 한 개가 더 있으니까 11이란다.

17 차시

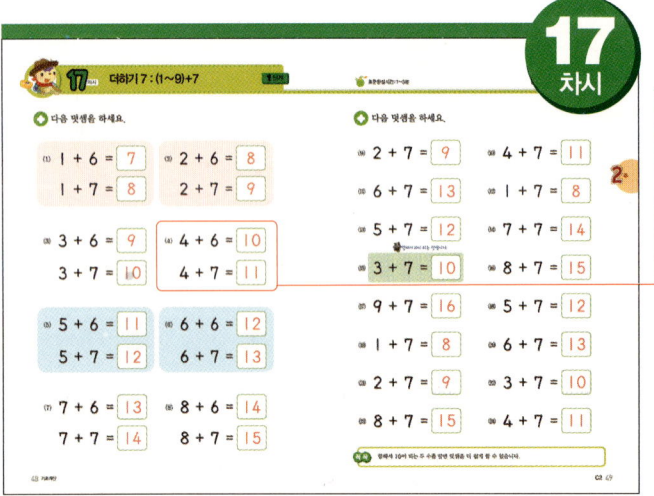

48~49쪽

- 4에 6을 더하면? 그럼 4에 7을 더하면? 7이 6보다 1 크니까 얼마가 되는지 쉽게 알 수 있지?
- 더하는 수가 1 커지면 답도 1 커진다는 사실 잊으면 안 돼.

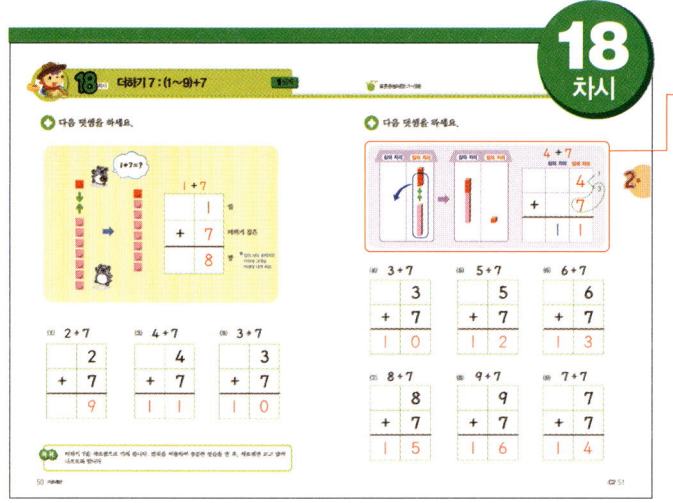

50~51쪽

- 이번엔 세로셈이네. 빨간색 수막대 4개와 분홍색 수막대 7개를 더하면 수막대가 모두 몇 개가 되지?

- 그럼 답을 한번 써 볼까? 10개짜리 묶음의 개수는 십의 자리에 쓰고, 낱개는 일의 자리에 쓰면 된단다.

52~53쪽

- 6+7의 세로셈에서 7을 두 수로 갈라 답을 구해 볼까?

- 6+7=13

  4   3

❶ 6+4=10

❷ 10+3=13

54~55쪽

- 세로셈도 이제 어렵지 않지? 그래 두 수를 더해 10이 넘는 수는 세로셈이 계산하기 더 편할 거야.

56~57쪽

- 세로에 있는 1, 2, 3에 7을 더해 보자.
- 첫 번째 계산식은 1+7이 되겠지. 두 번째는 2+7, 세 번째는 뭘까?

58~59쪽

- 이번에는 계산식을 세우지 말고 엄마가 부르는 숫자 7을 더해서 답을 써 볼래?
- 8, 7, 5, 4, 2, 3, 9
- 어려워 말고 천천히 계산하렴.

60~61쪽

- 펭귄 6마리가 있는데 7마리가 더 오고 있네. 그럼 펭귄이 모두 몇 마리지?
- 바로 식을 세우기 어려우면 하나씩 표시하면서 세어 볼까? 우리 ○○도 매일 계산 문제를 열심히 풀다 보면 척척 계산할 수 있게 된단다.

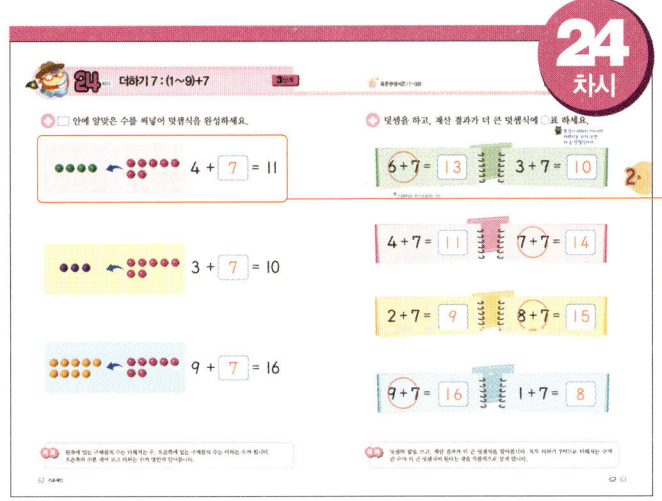

62~63쪽

• 초록색 구슬 4개와 빨간색 구슬 몇 개를 더했더니 11이 되었지?

• 빨간색 구슬의 수가 ☐ 안의 수가 된다는 거 알겠지?

체크 포인트

❶ 처음에는 (1~9)+7의 원리를 쉽게 이해할 수 있도록 구체적인 사물이나 그림을 이용하여 더하기 학습을 합니다.

❷ 같은 수 7을 더해도 자주 틀리는 계산식이 있습니다. 아이와 함께 덧셈식을 블록을 가지고 직접 표현해 보거나, 구두 테스트로 반복 학습합니다.

❸ 더해서 10 이상인 수를 계산할 때에는 수 가르기 등의 방법을 이용하도록 합니다.

정답 및 지도서 C2

3주 더하기 7 : (1~19)+7

지도 방법

1. 더하기 7의 개념을 이해하고, 여러 가지 문제를 통해 (1~19)+7을 익힙니다.

2. 아이가 두 자리 수의 구성을 알게 해 주세요. 바둑돌을 이용하여 13은 10과 3으로 가르기를 할 수 있음을 알게 하고, 수 가르기를 연습해 볼 수 있도록 지도해 주세요.

3. 11+7의 경우처럼 일의 자리의 숫자끼리의 합이 10을 넘어가지 않을 경우에는 낱개는 낱개끼리, 10 묶음은 묶음끼리 더하는 방법을 알려 주세요.

4. 아이가 더하기 7의 계산에 익숙해지면 더 큰 수와의 덧셈도 쉽게 이해하고 풀 수 있으므로 놀이나 게임을 통해 충분히 연습을 해 봅니다.

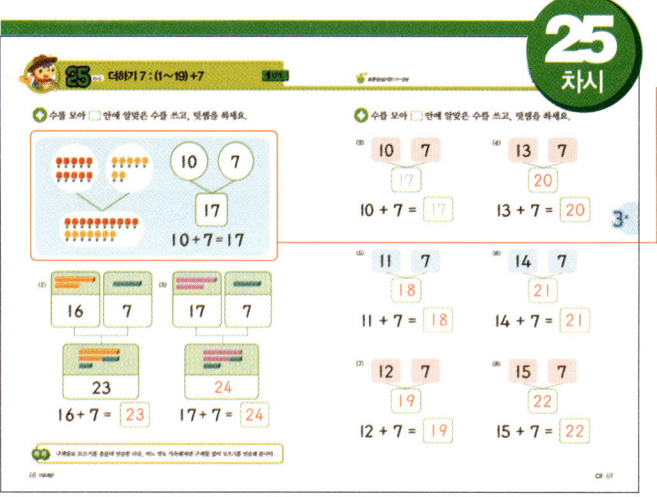

68~69쪽

- 빨간색 꽃이 몇 송이 있는지 세어 볼래?
- 노란색 꽃도 몇 송인지 세어 볼래?
- 그러면 빨간색 꽃과 노란색 꽃을 모으면 모두 몇 송이가 되니?

70~71쪽

- 8+7을 계산해 볼까?

$$8+7=15$$

2   5

❶ 8+2=10

❷ 10+5=15

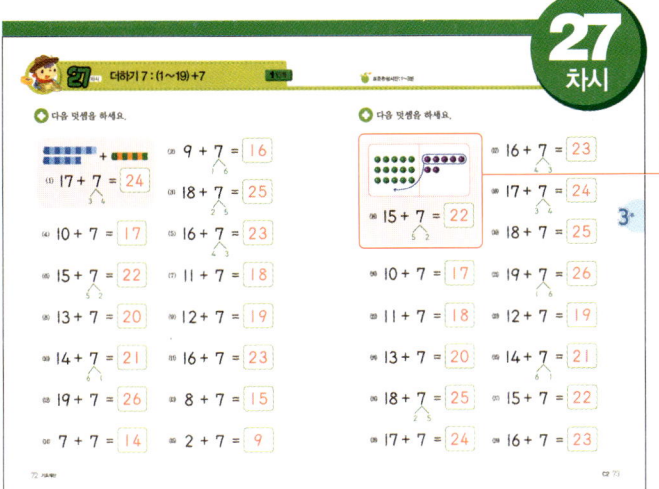

72~73쪽

- 초록색 구슬 15개에 보라색 구슬 7개를 더해 봐.
- 구슬을 세면 모두 몇 개가 되니?
- 더 열심히 계산 공부를 하면 세지 않고도 답을 알 수 있단다.

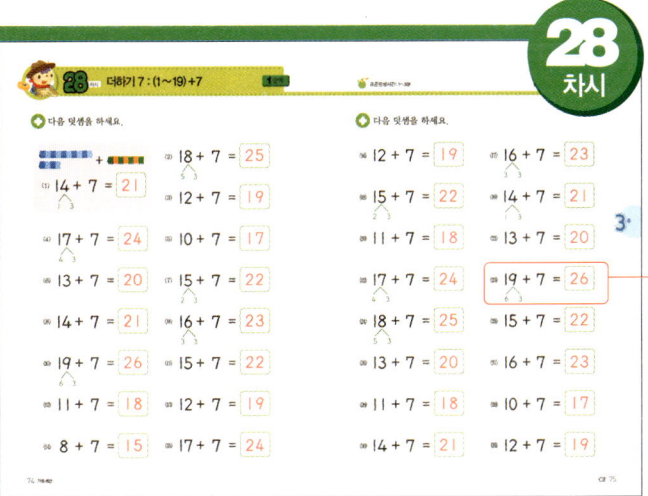

74~75쪽

- 19+7을 다른 방법으로 계산해 볼까?
- 19+7=26

     1 6

  ❶ 19+1=20

  ❷ 20+6=26

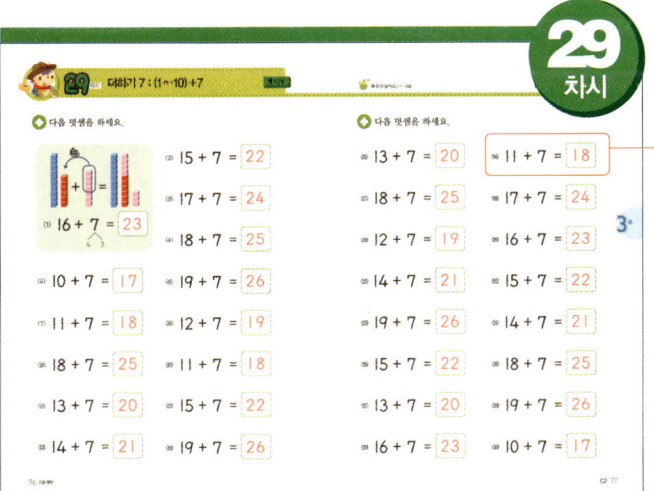

76~77쪽

- 11+7을 계산해 보자. 일의 자리 숫자끼리만 계산해서 일의 자리에 쓰고, 십의 자리 숫자 1은 그대로 쓰면 되겠지.
- 12+7도 한번 계산해 보렴.

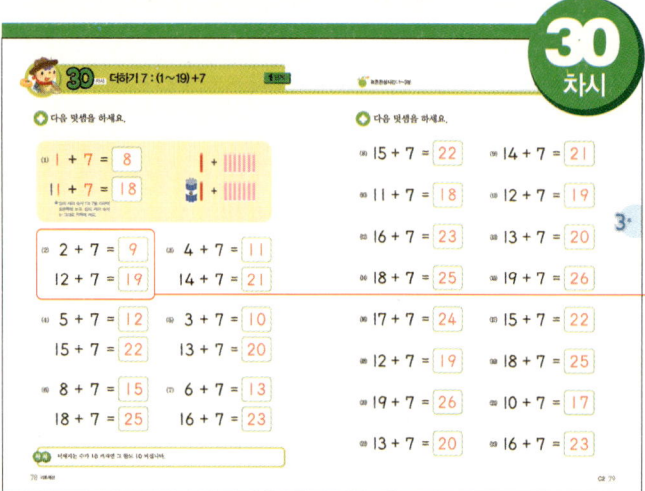

78~79쪽

- 2+7과 12+7은 몇이니?
- 답을 다 썼으면 두 식을 한번 비교해 보자.
- 12는 2보다 10이 더 크지? 그리고 더하는 수는 같네. 그러면 답도 12+7이 2+7보다 10 더 크겠지? 한번 확인해 볼까?

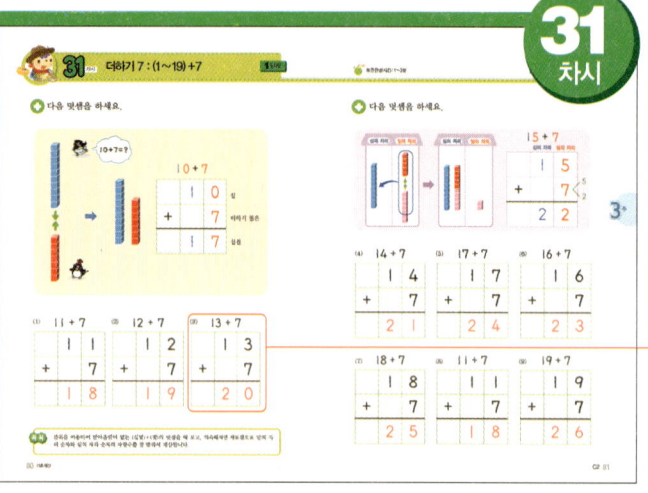

80~81쪽

- 13+7은 블록을 세어 보며 알아보자. 13은 10개짜리 묶음 한 개와 낱개 3개지. 7은 낱개 7개. 낱개 3개와 7개로 10을 만들 수 있어. 10개짜리 묶음 2개가 되니까 모두 20이 되네.

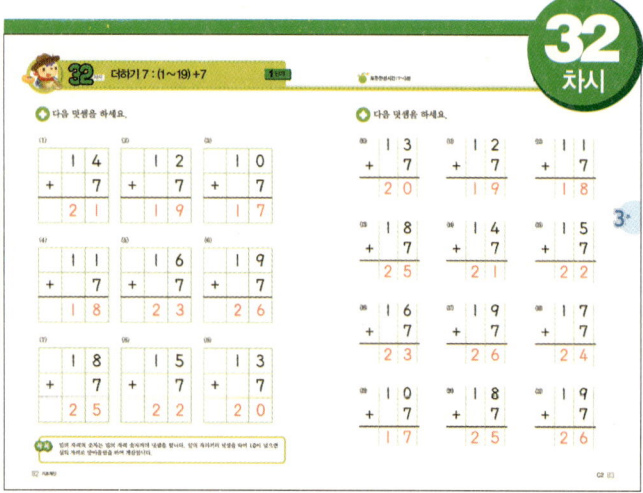

82~83쪽

- 더하기 7이 있는 세로셈 문제네. 차례대로 하나씩 천천히 계산해 보자.
- 주어진 시간 내에 빨리 푸는 것도 중요하지만 정확히 푸는 것도 중요한거란다.
- 쉬운 것부터 풀어 볼까?

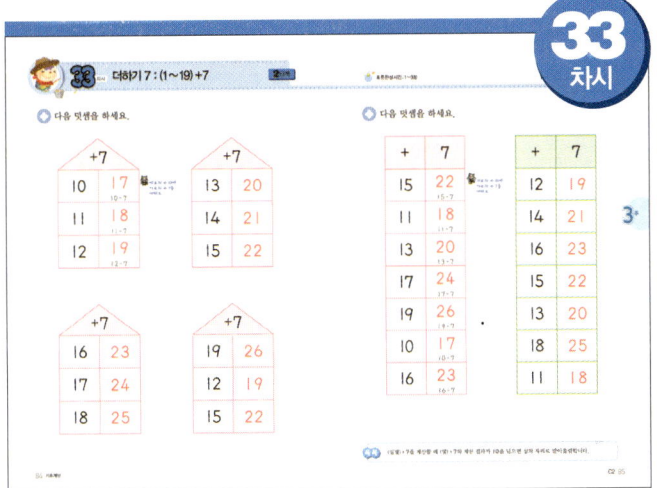

84~85쪽

• 표가 어려우면 식을 세워 계산해 볼까? 수를 가르고 모으는 방법을 이용하여 계산해도 되겠지?

86~87쪽

• 지금까지 엄마랑 어떤 수에 7을 더하는 여러 가지 방법을 배웠지?

• ○○가 계산하기 쉬운 방법으로 풀면 된단다.

88~89쪽

• 양쪽에 있는 동물의 수를 세어 볼까? 몇을 더하는 그림이지? 모두 세어 보고 덧셈식의 답과 같은지 확인해 볼까?

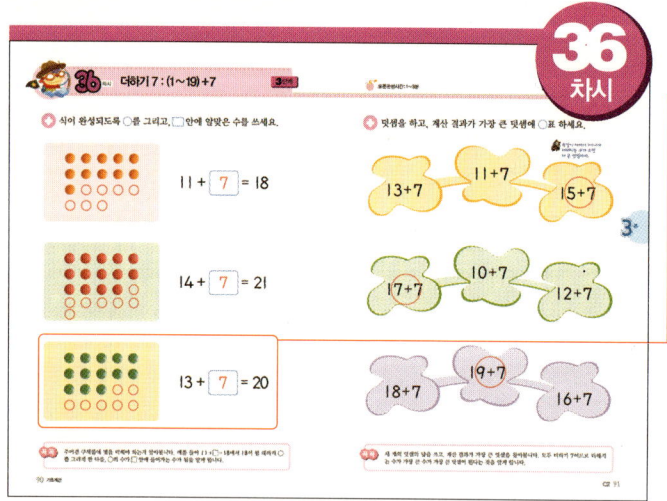

90~91쪽

• 초록색 구슬이 몇 개 있니? 몇 개 더해서 20개가 되었니? ○를 그려 가면서 20을 만들어 볼까?

• 다 그렸으면 ○가 몇 개인지 세어 볼까?

체크 포인트

❶ 수를 가르고 모으는 방법을 통해 계산을 잘할 수 있게 되면 암산을 통해 수학적 힘을 더 키울 수 있도록 도와 주세요.

❷ 계산하는 방법은 여러 가지 있을 수 있으니 아이가 계산하기 편한 방법을 찾을 수 있도록 다양한 방법을 제시해 주는 것이 좋습니다.

❸ (1~9)+7의 개념을 바탕으로 (1~19)+7을 익히는 학습입니다. 그림의 내용에 맞게 덧셈식을 세워 보게 함으로써 더하기 7의 개념을 알고 있는지 확인해 볼 수 있습니다.

정답 및 지도서 C2

4주 더하기 7 : (1~23)+7

지도 방법

① (1~23)+7을 중점적으로 익히고, 여러 가지 문제를 통해 더하기 7을 정리합니다.

② (1~23)+7을 계산하기 전에 1~30까지의 수를 잘 알고 있는지 확인해 보세요.

③ 23은 20과 3으로 가르기를 할 수 있음을 알게 해 주세요. 10개씩 2묶음이 있고, 낱개 3개이면 23개가 된다는 것을 알게 하는 것입니다. 이를 통해 낱개는 낱개끼리 더하고, 묶음은 묶음끼리 계산하는 방법이 있음을 보여 주세요.

④ 더해지는 수의 범위가 커져서 계산하는 것을 어려워 할 경우에는 구체물을 가지고 세어 보면서 더하기를 충분히 연습해 아이가 덧셈에 흥미를 갖게 하세요.

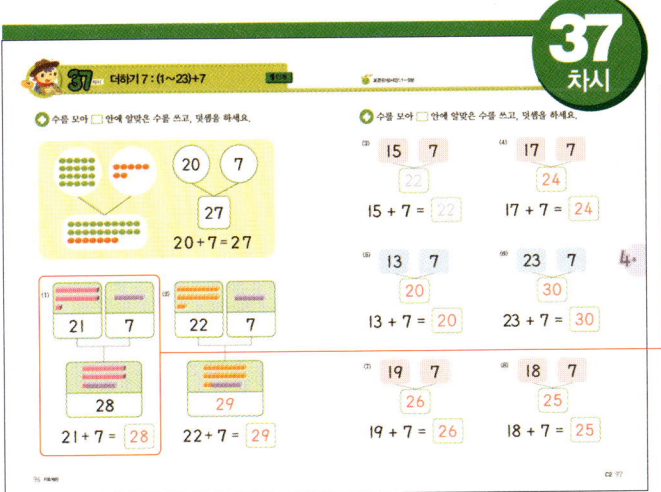

96~97쪽

• 21+7을 해 볼까? 낱개끼리 합치면 몇 개가 되니? 8개지. 10개가 안 되니까 일의 자리에 8로 적고 10개짜리 묶음 2개가 있었으니까 십의 자리에 2를 적으면 되겠구나.

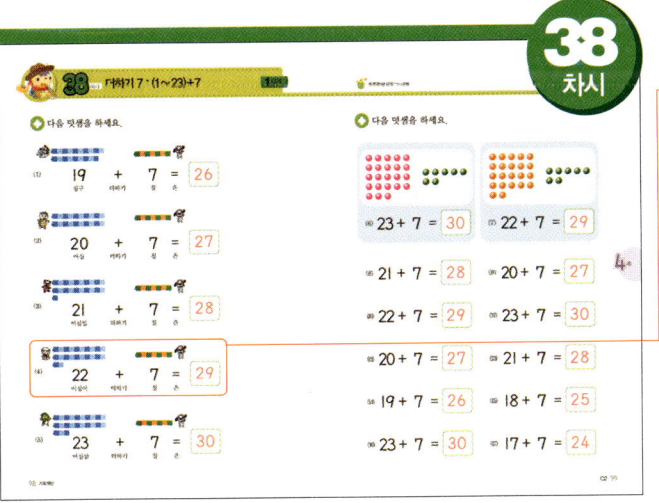

98~99쪽

• 22+7을 해 볼까? 한 줄에 10개인 블록 두 줄하고 낱개 2개가 있지? 그러면 더해지는 블록이 몇 개니?

• ○○가 세어 볼래? 2와 7을 더하면 블록이 몇 개 연결되지?

• 그럼 빈칸의 일의 자리에 몇이라고 쓰고 십의 자리에 몇이라고 써야 하니?

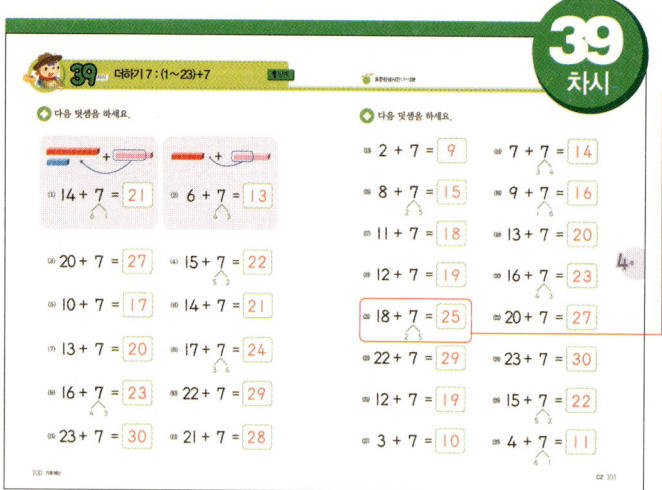

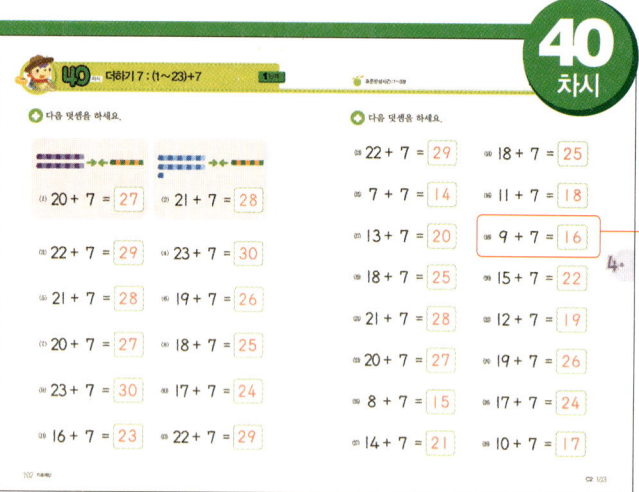

100~101쪽

- 18+7을 계산해 볼까?
- $18+7=25$

  $\quad\ \ 2\quad 5$

- 7을 2와 5로 갈라 2를 18에 더해 20을 만드는 거야. 그리고 20에 5를 더하면 25가 된다.

102~103쪽

- 9+7을 계산해 볼까?

  $9+7=16$

  $\quad\ \ 1\quad 6$

  ❶ $9+1=10$

  ❷ $10+6=16$

104~105쪽

- 더해지는 수가 10 커지면 답도 10이 커져.
- 9+7과 19+7을 계산해서 확인해 보자.
- 19+7의 답이 9+7의 답보다 10 크다는 거 알겠지?

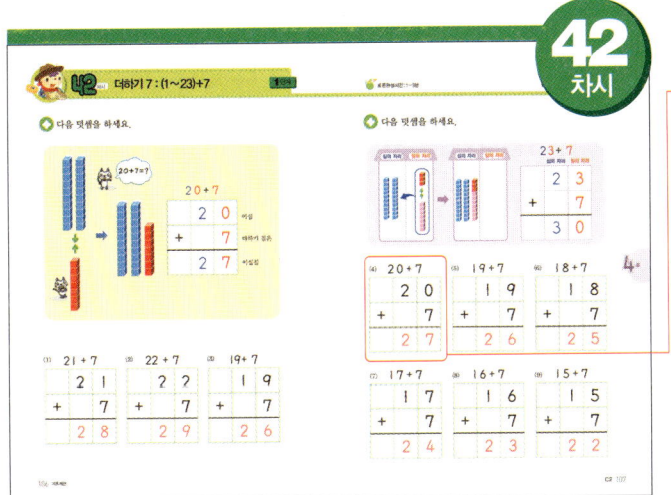

- 20+7을 계산해 볼까?

- 먼저 일의 자리 숫자끼리 더해 볼까? 0+7=7. 십의 자리에는 2만 있으니 그대로 내려쓰면 돼.

- 다른 계산도 해 보렴.

- 더하기 7이 있는 문제를 풀어 보자. 덧셈식만 보고 계산할 수 있겠니? 계산하기 어려우면 바둑돌을 사용하여 세어 보거나 ○를 그려 보며 세어 보렴.

- 4+7을 계산해 볼까?

$$4+7=11$$

6   1

❶ 4+6=10

❷ 10+1=11

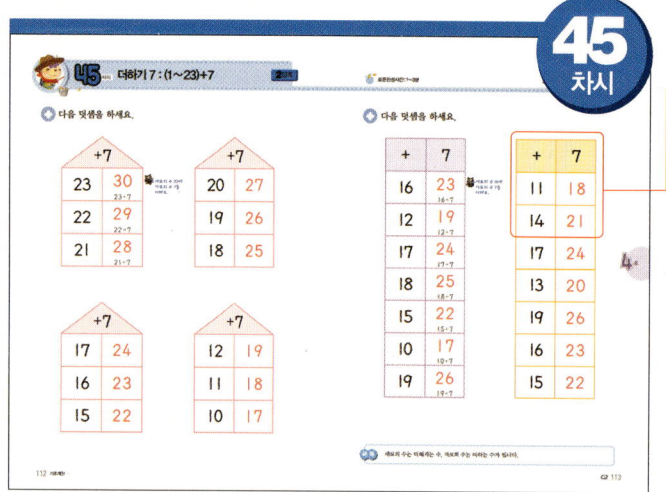

112~113쪽

- 11+7을 계산하면 몇이니?

- 14+7을 계산해 볼까? 7을 6과 1로 가르면 14를 20으로 만들어 줄 수 있겠지? 그리고 남은 1을 더하면 21이 돼.

114~115쪽

- 엄마가 부르는 수에 더하기 7을 해서 빈칸에 적어 볼래?

116~117쪽

- 바구니에 사과가 몇 개 있는지 세어 볼래?

- 사과를 몇 개 더 가져왔는지 세어 볼래?

- 더 가져오는 것은 더하는 거라고 했지? 덧셈식을 한번 완성해 볼래?

142 기초계산

118~119쪽

- 3개의 덧셈식이 있구나?

- ○○가 계산해 볼래? 계산한 결과 중에 어느 것이 가장 큰 수가 나왔니?

- 어떤 수에 똑같은 수 7을 더하면, 어떤 수가 클수록 계산 결과가 더 큰 수가 나온단다.

체크 포인트

❶ 두 자리 수를 학습할 때, 사물의 배열을 5개씩 한 줄로 하여 세 줄이면 15개가 된다는 것을 시각적으로 알 수 있게 해 주세요. 한 줄이면 5, 두 줄이면 10, 세 줄이면 15라는 것을 배열만 보고도 알 수 있게 되면 수를 빨리 세는 데 도움이 됩니다.

❷ 아이가 더하기를 능숙하게 해 낸다면 그림 보고 식 세우기, 미지수 찾기, 가장 큰 덧셈식 찾기 등 여러 가지 문제를 풀게 하여 사고력과 응용력을 키워 줍니다.

❸ 종합 평가 문제에서 틀린 문제는 반복 학습하여 완전히 알고 넘어갈 수 있도록 합니다.

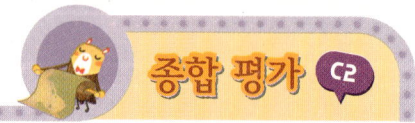

120~122쪽

- 여러 가지 계산식이 있구나. 덧셈도 있고 뺄셈도 있네.
- 많이 연습을 해 보았기 때문에 전보다는 훨씬 빨리 계산할 수 있을거야.
- 우선 ○○가 쉽게 풀 수 있는 문제부터 풀어 보자. 어려운 문제는 쉬운 문제 다 풀고 다시 한번 풀어 보자.

종합 평가 C2

다음 계산을 하세요.

(1) 4 + 5 = 9	(2) 2 + 6 = 8
(3) 5 + 6 = 11	(4) 9 + 7 = 16
(5) 9 + 5 = 14	(6) 7 + 7 = 14
(7) 13 + 6 = 19	(8) 18 + 7 = 25
(9) 4 + 7 = 11	(10) 15 + 7 = 22
(11) 22 + 4 = 26	(12) 20 + 7 = 27
(13) 16 - 4 = 12	(14) 7 - 5 = 2
(15) 20 - 3 = 17	(16) 18 - 4 = 14

(17) 14 + 6 = 20	(18) 20 + 1 = 21
(19) 18 - 3 = 15	(20) 10 - 5 = 5
(21) 13 + 7 = 20	(22) 11 - 3 = 8
(23) 9 - 4 = 5	(24) 20 - 6 = 14
(25) 2 + 4 = 6	(26) 9 + 3 = 12
(27) 9 + 2 = 11	(28) 10 + 7 = 17
(29) 21 + 7 = 28	(30) 14 + 4 = 18
(31) 11 + 7 = 18	(32) 9 + 6 = 15
(33) 15 + 3 = 18	(34) 22 + 7 = 29

종합 평가 C2

11	8	6
+ 5	+ 4	+ 6
16	12	12

20	19	3
+ 2	+ 7	+ 4
22	26	7

14	12	8
+ 7	+ 7	+ 7
21	19	15

15	10	13
- 5	- 4	- 6
10	6	7